La photographie de couverture représente un aurige conduisant un attelage de quatre chevaux. Il s'agit d'un élément du Vase de Vix, le plus célèbre cratère en bronze de l'Antiquité. Trouvé près de Chatillon-sur-Seine, il est de style grec et date du VIe siècle avant J.C.

*Le corps est comme un char.*
*L'âme en est le maître,*
*L'intelligence en est le cocher,*
*L'esprit joue le rôle des rênes,*
*Quant aux chevaux, ce sont les sens.*
*Le monde est leur carrière.*

*Katha Upanishad 3,3*

# DEVIENS QUI TU ES

**Pierre Cauvin**
**Geneviève Cailloux**

*Le Souffle d'Or*
BP 3
05300 Barret-sur-Méouge

*Le MBTI® est un test protégé par la législation sur la propriété littéraire et artistique, en particulier par la loi du 11 mars 1957 (article L 611-1 et suivants du Code de la propriété intellectuelle). MBTI est une marque déposée de CPP Ltd. dont OPP Inc. est le représentant pour l'Europe.*

Autres ouvrages des mêmes auteurs :

• *Les types de personnalité* - ESF - Collection Formation permanente en Sciences Humaines, Paris 3e édition 2002
• *La cohésion des équipes* - ESF - Collection Formation permanente en Sciences Humaines, Paris 3e édition 2002
• *Le Soi aux mille visages* - Éditions de l'Homme - Montréal, Paris 2001


**3e édition : avril 2004**


Couverture (illustration, maquette) : Marie Loiseau
Dessins : Didier Dezanet
Photocomposition et mise en page : A'Prim / Serres (05)
Impression et brochage : Dumas-Titoulet / Saint-Etienne (42)

Dépôt légal : 2e trimestre 1994
2e édition : mai 1998
ISBN 2 84058 246 5

*Le Souffle d'Or*
BP 3 - Le Paroir
05300 Barret-sur-Méouge

# TABLE DES MATIÈRES

# INTRODUCTION

## *Pourquoi chercher à se connaître ?*

*Quel démon caché pousse donc*

*les auteurs, à écrire*

*l'éditeur, à publier*

*le lecteur, à acheter*

*un nouveau livre sur la connaissance de soi ? Pourquoi chercher à mieux se connaître ?*

La réponse la plus simple et la plus profonde, celle que l'on fait aux enfants au 36e « pourquoi » quand on vient de répondre aux 35 précédents, c'est : « Parce que c'est comme ça ». On peut dire la même chose en termes plus savants : « Il y a dans le cerveau humain une faculté particulière, un système situé dans l'hémisphère gauche qui interprète les divers comportements des modules et élabore des croyances à partir de ces interprétations. L'hémisphère gauche est constamment en train de bâtir des théories à propos des relations fortuites entre les événements élémentaires qui se produisent à l'intérieur et à l'extérieur de notre tête. »[1] Les deux formulations recouvrent la même

1. Michael Gazzaniga - *Le cerveau social* - Robert Laffont 1987.

réalité : l'homme ne peut s'empêcher de chercher à comprendre, parce que c'est dans sa nature.

C'est même d'ailleurs cela qui le fait spécifiquement homme. L'histoire de l'humanité est celle de sa prise de distance par rapport à l'environnement, de l'émergence de la conscience. L'homme primitif de « faber », fabricant d'outils, devient « sapiens », celui qui sait, qui maîtrise la nature. Et prenant conscience de son savoir, il devient « sapiens sapiens », celui qui sait qu'il sait. Il se conçoit alors comme centre autonome de décision ; Jiminy Crickett se pose sur l'épaule de Pinocchio, la marionnette s'anime, l'homme acquiert une conscience individuelle. Il ne cessera plus de se poser la question de ce qu'il est, de ce qu'il fait en ce monde et de ce qu'il devrait y faire.

Si la question a tant de succès, c'est que sous son visage métaphysique elle est aussi terriblement pratique. Au demeurant, il n'y a rien de plus concret qu'une bonne théorie. Se connaître, c'est aussi connaître le monde, avoir prise sur lui. « Connais-toi toi-même et l'univers t'appartiendra » pouvait-on lire au frontispice du temple de Delphes.

C'est que l'homme est un univers en réduction. Comme un fragment d'hologramme permet de continuer à avoir une image, moins précise, mais toujours globale de l'ensemble, la connaissance de soi — la sagesse — permet de comprendre l'univers, sinon dans chacune de ses lois particulières, du moins dans sa signification générale.

Et puis, de façon plus immédiatement pratique, mieux se connaître augmente les chances de mieux fonctionner :

— **Par rapport à nous-même**, la connaissance de nos capacités et de nos limites est le plus sûr moyen de nous développer le mieux possible sans nous égarer sur de fausses routes. C'est qu'il importe tout à la fois :

• d'exploiter nos possibilités. Nous naissons avec un champ ouvert ; la nécessaire spécialisation nous pousse à favoriser certains domaines au détriment d'autres. Si nous n'y prenons garde, nous pouvons tomber dans des ornières et des habitudes répétitives ; vieillir, c'est soit développer peu à peu le maximum de nos capacités, soit se scléroser.

• de faire preuve de réalisme. Nous ne pouvons faire tout et son contraire ; l'observation immédiate nous montre que nous n'avons pas tous les mêmes capacités, les mêmes manières d'être et de faire. Nous ne pouvons partir que de là où nous sommes ;

nous croire capables de tout serait le meilleur moyen de n'aboutir à rien.

— **Vis-à-vis des autres**, cela nous aide « à comprendre nos propres préjugés »[1] , et par conséquent à chercher davantage ce que nous pouvons faire pour améliorer la communication plutôt que reprocher à l'autre d'être différent de nous. Ce n'est jamais qu'une application de la parabole de la paille et de la poutre !

Se développer, c'est actualiser ses potentialités, c'est faire grandir ce qui est contenu en germe. C'est bien « devenir qui nous sommes ».

### *Comment mieux se connaître ?*

Un maître soufi expliquait un jour que pour trouver de l'eau dans le désert, il valait mieux creuser très profond toujours au même endroit plutôt que forer une multitude de trous superficiels.

1. C.G. Jung - *Essai d'exploration de l'inconscient* - Laffont 1964.

De même, parmi les multiples chemins de développement personnel, il revient à chacun de choisir celui qui lui convient le mieux. L'essentiel est de creuser profond : c'est pourquoi d'ailleurs ce livre n'est pas un exposé théorique à parcourir rapidement mais un instrument de travail avec des exercices appropriés.

La démarche que nous vous proposons a ses caractéristiques propres. Vous les découvrirez par la pratique, mais voici celles qui nous ont attiré :

— Un solide fondement théorique : l'œuvre même de Carl Gustav Jung et notamment l'un de ses ouvrages de référence : *Les types psychologiques*, paru en 1921 et dont Jung disait qu'il était « le fruit de vingt années de pratique psychologique ».

— Un modèle de l'homme qui intègre ses dimensions, physique, affective, intellectuelle et spirituelle, sans réductionnisme d'un niveau à l'autre.

— Un outil opérationnel : la typologie de Jung a inspiré deux américaines, Katharine Briggs et sa fille Isabel Myers, qui ont développé un test de personnalité, l'Indicateur Typologique de Myers-Briggs (MBTI). Cet indicateur aide à déterminer le type psychologique de chacun[1].

— Des travaux rigoureux et abondants : le « MBTI » a donné naissance à une importante littérature fondée sur de très nombreuses expérimentations et études de validation, menées depuis une cinquantaine d'années.

— Et surtout des qualités particulières :

• une description fine et synthétique des principaux mécanismes du fonctionnement de la psyché, que sont le recueil d'informations et la prise de décisions,

• la mise en valeur des différences : comment en faire des complémentarités enrichissantes au lieu de rester dans l'opposition stérile,

• l'ouverture d'un chemin de perfectionnement : plus qu'une photo de ce que l'on est, le MBTI offre une carte du développement du potentiel,

• enfin, le caractère ludique : si la démarche est sérieuse, elle n'a rien d'ennuyeux ! Vous verrez même que très vite elle se transforme en jeu.

---

1. Voir l'article MBTI dans le lexique.

Cet ouvrage comprend cinq chapitres :

— **le chapitre 1** : « Repérer ses préférences », vous donne le vocabulaire et les concepts de base à partir desquels nous pourrons travailler.

— **le chapitre 2** : « Découvrir son type », vous permet de faire les premiers « assemblages » et d'obtenir une photographie du fonctionnement de votre psyché.

— **le chapitre 3** : « Trouver sa dynamique », vous présente les principes de ce fonctionnement et la dynamique propre à chaque type.

— **le chapitre 4** : « Tracer son chemin », vous permet d'en décrire l'évolution, en expliquant le passé et en donnant des clés de compréhension et d'action pour le futur.

— enfin **le chapitre 5** : « Donner un sens », tente de situer cette recherche de développement personnel dans une perspective plus vaste qui lui donne un sens.

À la fin de chaque chapitre, vous trouverez d**es exercices pratiques** qui vous permettront de faire un travail personnel.

En fin de volume, d**es « portraits »** vous fourniront des descriptions détaillées des différents types et tempéraments qui seront évoqués au cours de l'ouvrage.

Chapitre 1.

# REPÉRER SES PRÉFÉRENCES

## *Point de départ et principe fondamental*

Les variations de comportement que l'on observe entre les individus ne sont pas le résultat du hasard ; elles sont notamment la conséquence de préférences spontanées concernant quatre dimensions fondamentales du fonctionnement psychique, chacune caractérisée par deux pôles opposés. Ce sont :

- L'orientation de l'énergie : Extraversion ou Introversion.
- Les modes de perception de la réalité : Sensation ou Intuition.
- Les critères de décision : Pensée ou Sentiment.
- Le style de vie : Jugement ou Perception.

En d'autres termes, nous avons tous une donne de départ : pour bien jouer au jeu de la vie, il nous faut en connaître les règles. Ce à quoi nous allons nous employer.

## *La notion de préférence*

L'hypothèse fondamentale de Jung, reprise dans le MBTI, est que si nous disposons tous de toutes les possibilités, si sur chaque dimension nous utilisons successivement en fonction des circonstances les comportements correspondant à chacun des deux pôles, nous n'en avons pas moins une préférence innée pour l'un ou l'autre de ces pôles, une prédilection spontanée, non réfléchie, plus ou moins intense selon les personnes. A tout le moins, il nous est impossible sous peine de confusion, de nous situer sur les deux pôles en même temps.

☞ Plus qu'un long discours, une petite expérience : faites l'exercice proposé dans la fiche n° 1, page 47.

Constatations faites à l'occasion de cet exercice :

— Une évidence : nous avons chacun une main « préférée », que ce soit la droite ou la gauche. Non pas par un choix délibéré et conscient, mais parce que c'est la main dont nous nous servons « naturellement ». Et par conséquent, elle est la plus déliée, la plus habile ; ce qui ne fait que renforcer le fait que nous préférons l'utiliser.

— Pourtant nous avons tous deux mains, sauf exception ; et les deux nous servent, ô combien ! Faites l'expérience de passer deux heures un bras bandé derrière le dos... Souvent même, main droite et main gauche doivent fonctionner ensemble. Leur complémentarité les rend indissociables, voire indiscernables.

*A preuve ce koan[1] zen : quel est le bruit fait par chaque main quand vous applaudissez ?*

— Le vocabulaire trahit les préjugés majoritaires : une personne habile est dite « adroite », alors qu'une personne malhabile sera qualifiée de « maladroite » ou « gauche ». Le mot latin qui veut dire « gauche » n'a-t-il pas donné en français « sinistre » ? Ce qui est statistiquement majoritaire, est normal ; ce qui est normal, devient la norme ; et par conséquent être dans la minorité statistique est une déviance. Il fut un temps où l'on contraignait les gauchers à écrire de la « bonne main » ; et même maintenant...

— Avec la main préférée, tout se passe rapidement ; il y a peu de commentaires à faire. Avec la main non préférée, les choses sont naturellement beaucoup plus difficiles ; mais les commentaires jaillissent spontanément et sont très nombreux.

---

1. Un koan est une forme de devinette à laquelle il n'y a de réponse possible qu'en transcendant la question. Les maîtres zen posent des questions de ce type à leurs disciples pour leur apprendre à voir la réalité autrement.

On maîtrise bien la routine ; mais c'est dans la nouveauté qu'est l'énergie.

Tout ce que nous venons de dire s'applique toutes proportions gardées aux préférences psychologiques :

— Nous disposons d'un ensemble de possibilités ; mais notre constitution personnelle nous amène à privilégier les unes aux dépens des autres. La répétition crée l'usage, l'habitude, et partant de là une certaine habileté, même si la répétition n'est pas nécessairement source de qualité.

— Notre manière de faire est si bien ancrée qu'il nous paraît incompréhensible que d'autres puissent faire autrement.

> *« Quel genre d'oiseau es-tu qui ne sais voler ? », demande le Martin-Pêcheur.*
>
> *« Quel genre d'oiseau es-tu qui ne sais nager ? » répond le Cygne.*

— Chaque institution se caractérise par des préférences communément partagées, qui sont un des éléments de la culture du groupe ; l'individu qui n'a pas les mêmes normes n'est pas seulement minoritaire : il est déviant et doit se corriger, voire, dans un système répressif, être corrigé.

— Pourtant, c'est dans la part de nous-même que nous n'exploitons pas spontanément que gît précisément le plus grand potentiel d'énergie et de développement.

La notion de préférence ainsi précisée, il reste à décrire ce que sont chacune d'elles. Nous en donnerons successivement :
- une définition
- les principaux traits caractéristiques
- les exagérations possibles
- une série de mots clés
- des personnalités représentatives (par leur aspect public).

Trois remarques préalables pour tirer profit de ces descriptions :

— La préférence est ce vers quoi nous tendons spontanément ; les comportements sont ce que nous faisons. Ils dépendent non seulement de nos préférences mais aussi, et souvent beaucoup, des contraintes de l'environnement ; nos comportements varient, nos préférences restent les mêmes. Ce que nous décrivons ici, ce sont les préférences, avec leur caractère « absolu ».

— En conséquence, les descriptions concernent ce que les personnes qui préfèrent le pôle A au pôle B **tendent** à faire habituellement, mais qu'elles ne font pas toujours nécessairement. Il s'agit de comportements que l'on retrouve communément, « statistiquement » ; mais la statistique ne rend pas compte de chaque cas particulier. A vous de voir les ressemblances et les différences et le type dont vous vous rapprochez le plus. Même si, pour alléger le texte, nous n'écrirons pas tout le temps : *« La personne qui préfère le pôle A* ***tend habituellement à*** *»*, quand nous écrirons : *« La personne de type A* ***est*** *»,* souvenez-vous que c'est toujours la première formulation qui doit être entendue.

— Nous vous suggérons de lire les descriptions qui vont suivre de façon active : pour chacune des dimensions, demandez-vous quel est votre pôle préféré. Pour cela regardez comment vous agissez lorsque vous n'avez pas de contrainte extérieure, ce que vous faites naturellement, « spontanément ». Pour vous faciliter la tâche, utilisez l'exercice 2, page 48 : « Mes préférences ». Bien sûr, si vous voulez aller plus loin, nous vous recommandons d'utiliser l'indicateur lui-même. Cela vous permettra une validation de vos propres observations.

Et maintenant, place aux descriptions.

# L'orientation de l'énergie : Extraversion / Introversion

**E** / **I** } **Energie** ➛ Perception { } Décision ➛ Style de vie {

## *Définition*

Nous désignons par « attitudes » les deux pôles de la dimension de la psyché[1] qui en donnent l'orientation :

— soit vers le monde extérieur (Extraversion, désignée par la lettre **« E »**),

— soit vers le monde intérieur (Introversion, lettre **« I »**).

L'extraversion est donc l'orientation du sujet vers le « dehors », tant pour y puiser son énergie que pour y exprimer son action. L'introversion est l'orientation du sujet vers le « dedans », tant pour y puiser son énergie que pour s'y exprimer.

> *Au cours d'une soirée de mariage, deux attitudes typiques. François, extraverti, rit, plaisante, danse ; plus la soirée avance, plus son énergie croît. Non seulement il semble inépuisable, mais son tonus augmente à mesure que les heures tournent. Quand il n'en reste qu'un, il est celui-là et se demande pourquoi les autres sont partis quand on commençait à s'amuser. Dominique, sa nièce, trouve la soirée tout aussi plaisante, mais sur le mode introverti. Elle est plus souvent en conversation avec une ou deux personnes ; et de temps en temps, elle s'échappe dans sa chambre pour lire un peu. Ce repos « psychologique » lui permet de retrouver son énergie pour affronter la suite de la soirée.*

## *Principaux traits caractéristiques*

Cette orientation du sujet vers le monde extérieur ou vers le monde intérieur se traduit par des comportements typiques de chacune de ces deux préférences.

1. Voir la définition de ce terme dans le lexique.

L'extraverti tend à agir d'abord et à réfléchir sur le résultat ; l'introverti réfléchit avant de passer à l'action. Pour le premier, la séquence d'apprentissage est : action — réflexion — action ; pour le second : réflexion — action — réflexion.

L'extraverti pense à haute voix ; il a besoin de parler pour élaborer sa pensée ; son discours est donc changeant, et ne craint pas les contradictions successives, puisqu'il exprime le mouvement de sa réflexion. L'introverti ne parle qu'après mûre délibération ; il n'énonce à haute voix que ce qu'il a bien réfléchi ; il n'exprime que ce qui lui paraît ferme et définitif.

Evidemment, lorsqu'ils s'écoutent l'un l'autre, des difficultés peuvent émerger. L'introverti croit que ce qui est exprimé est le résultat d'une longue réflexion ; il est donc surpris par les variations de l'extraverti et a envie de lui demander de ne parler que quand il sera au clair. L'extraverti, lui, attend un développement de la première phrase qui pour lui n'est qu'un point de départ ; il est donc étonné du silence qui la suit et a envie de dire « et ensuite ? »

De la même manière, un extraverti répondra immédiatement à la question posée, alors que l'introverti prendra le temps de la réflexion. Ce qui amènera l'extraverti à reposer sa question, croyant que l'introverti ne l'a pas entendue, puisqu'il n'a pas répondu. Le fait de reposer la question ne pourra naturellement que perturber l'introverti dans sa réflexion et donc rallonger le temps de réponse. Mais parallèlement le fait qu'il ne réponde pas ne peut que troubler l'extraverti et l'amener à reposer sa question. C'est alors fréquemment un cercle vicieux qui peut aboutir au traditionnel « tu ne m'écoutes jamais quand je te parle », prélude à une bonne scène de ménage. Si par exemple l'introverti peut accuser réception de la question — « j'ai entendu » — en sorte que l'extraverti sache qu'il n'a pas parlé à un sourd et puisse ainsi lui laisser le temps de la réflexion, la solution est en bonne voie.

A force de réfléchir à ce qu'il va dire, l'introverti finit même parfois par croire de bonne foi qu'il l'a dit. La force de la pensée est telle pour lui qu'il l'associe spontanément à une forme de télépathie ! En bref, si vous ne savez pas ce que pense un extraverti, c'est que vous ne l'avez pas écouté, car il l'a probablement déjà verbalisé ; si vous ne savez pas ce que pense un introverti, c'est que vous ne le lui avez pas demandé, car il y a peu de chances pour qu'il vous le dise sans cela.

L'extraverti aime le contact, même et peut-être surtout quand il est imprévu et spontané ; l'introverti aime mieux être prévenu de la visite. Le téléphone sonne : l'extraverti se dit spontanément : « Chouette ! Qui m'appelle ? », l'introverti : « Zut ! Qui me dérange ? »

En société, l'extraverti est un briseur de glace, celui qui fait volontiers les présentations, établit les liens entre les personnes, initie les conversations et les anime. Son talent est d'établir le contact. L'introverti ne parle facilement que sur un sujet qu'il connaît bien ou qui lui tient à cœur. Sa conversation mondaine aura tendance à être monosyllabique : « Oui, non, merci, je vous en prie ». Son talent est d'approfondir le contact. Ce qui ne veut pas dire que l'extraverti n'approfondit jamais ou que l'introverti ne sait pas faire connaissance ; nous en sommes aux préférences, ce que chacun fait spontanément dans un premier temps.

En réunion, l'extraverti parle facilement le premier, relance la balle, cherche à « faire parler » les silencieux, ce qui, vu du côté de l'introverti, consiste le plus souvent à l'assaillir de questions sans lui laisser le temps d'y répondre. Or l'introverti a besoin de silence pour parler ; il émettra alors des idées réfléchies sur lesquelles il reviendra plus difficilement que l'extraverti. S'il s'agit d'exprimer des idées, d'être créatif au sein du groupe, l'extraverti le fera facilement et immédiatement ; l'introverti préférera que le temps de travail en groupe soit encadré par des temps de travail individuel, soit avant, pour préparer ses idées, soit après, pour les élaborer.

L'extraverti communique plus volontiers par la parole que l'introverti qui préfère l'écrit. C'est pourquoi il n'existe pas de canaux exclusifs de communication ; il importe de choisir celui qui est le mieux adapté à son interlocuteur et donc d'adopter des méthodes de communication différentes avec des personnes de type différent.

L'extraverti exprime facilement ses pensées et ses émotions ; l'introverti, tout aussi intense et passionné, ne les livrera que dans une atmosphère de confiance. Le premier cherchera le contact et l'échange et y puisera son énergie ; le second trouvera son ressourcement dans l'intimité. Conséquence : l'extraverti est plus facile à connaître que l'introverti. Nous aurons l'occasion d'y revenir.

### *Exagération des préférences*

Si en soi une préférence n'est pas meilleure qu'une autre, l'utilisation exclusive et excessive d'une préférence aboutit à un déséquilibre. Chaque préférence a son versant pathologique, qui bien souvent n'apparaîtra jamais, mais qui chez certains individus ou dans certaines circonstances peut se manifester.

C'est à ces excès que précisément se référeront d'ailleurs fréquemment les personnes ayant la préférence opposée, pour critiquer ou décrier ceux qui ne leur ressemblent pas ; il arrive même que la différence soit perçue comme un excès chez l'autre alors qu'elle n'a rien que de normal. Pour l'extraverti, tout introverti est facilement classé parmi les « inhibés » ; pour l'introverti, tout extraverti est volontiers rangé parmi les « hystériques ».

Mal contrôlée, l'extraversion tend à la superficialité, au bavardage. L'extraverti peut ainsi devenir un fabulateur pris par son propre discours, un « moulin à paroles » qui débite des phrases comme un robinet d'eau tiède sans prendre, ni laisser, le temps de respirer. Il est aussi le gaffeur impénitent qui sort d'une réunion en se disant : « J'aurais encore mieux fait de fermer mon grand bec » ; comme on dit en Provence, « il déparle ».

A l'opposé, l'introversion excessive tend à l'inhibition, au retrait, à la timidité maladive. L'introverti peut avoir l'esprit d'escalier et trouve à la sortie de la réunion la répartie qu'il aurait dû avoir cinq minutes plus tôt. A l'extrême, l'introverti se replie dans son monde intérieur abstrait, en négligeant ou ignorant les gens et le monde extérieur.

### *Mots clés*

| Extraversion | Introversion |
|---|---|
| Actif | Réfléchi |
| Extérieur | Intérieur |
| Sociable | Réservé |
| Public | Intimité |
| Nombreuses relations | Relations sélectives |
| Expansif | Tranquille |
| Largeur | Profondeur |
| Interaction | Concentration |
| A l'aise avec les gens, les choses | A l'aise avec les idées, les pensées |
| Énergie centrifuge | Énergie centripète |

### *Personnalités représentatives*

| Extraversion | Introversion |
|---|---|
| Voltaire | Rousseau |
| Freud | Jung |
| Darwin | Einstein |
| Roosevelt | Lincoln |
| Chirac | Mitterrand |

☞ *Et maintenant, quelle est votre préférence ? Vous sentez-vous plutôt extraverti(e) ou plutôt introverti(e) ? Faites votre choix ; de toute façon, il ne concerne que vous, vous aurez d'autres informations tout au long de cet ouvrage et donc tout le loisir de revenir sur votre premier choix si vous le jugez utile.*

☞ *Pour expérimenter ce que sont l'Introversion et l'Extraversion, nous vous proposons l'exercice n° 3, page 49.*

# Les fonctions de perception : Sensation et Intuition

| E<br>I } Energie → **Perception** { **S**<br>**N** } Décision → Style de vie { |
|---|

### *Définition*

Nous disposons de deux modes principaux de recueil de l'information :

— Avec la Sensation (représentée par l'initiale **S**) nous captons les données comme nous le faisons avec nos cinq sens ; le processus est analytique et discursif, semblable à celui d'un ordinateur. Nous appellerons les personnes chez qui ce mode est prédominant « factuelles » ou « sensorielles ».

— Avec l'Intuition (initiale **N**, puisque le I est déjà pris par l'Introversion) nous avons une vision globale obtenue par un processus inconscient. Les personnes utilisant ce mode par préférence seront dites intuitives.

Bien entendu, une personne de type « S » peut avoir des intuitions ; il est même parfois difficile de distinguer une « intuition », éclair immédiat, d'une compilation ultra-rapide de sensations. De même, un intuitif n'ignore pas les sensations ; lui aussi utilise ses cinq sens. Mais pour le sensoriel la démarche sera plutôt séquentielle avec des étapes connues qui peuvent être répétées, alors que pour l'intuitif, la démarche sera plus immédiate et inconsciente.

*Deux textes pour illustrer chaque préférence.*

*Pour la Sensation, l'économiste Jean Fourastié*[1] :

*« La statistique est un moyen de description historique plus puissamment évocateur que tout autre. En effet les longues colonnes de chiffres qui se succèdent d'année en année dans les annuaires statistiques réservent à l'observateur qui veut bien les lire ou les peser, une émotion plus directe et une compréhension plus complète des réussites et des misères de l'humanité, que les développements des romanciers. C'est que le chiffre transcrit le fait brut, sans théorie et sans fard ».*

*Pour l'Intuition, Anny Duperey*[2] :

*« Ce que je venais de comprendre n'avait pas une importance énorme, mais le déclic, cette douce fulgurance était toujours si surprenante que j'en restai un temps étonnée, presque amusée. Oui, il y avait de cela — une sorte d'amusement à voir surgir une explication dans sa tête comme un lapin d'un chapeau ».*

## *Principaux traits caractéristiques*

Le sensoriel aime le concret ; il croit ce qu'il voit et, comme saint Thomas, doit voir pour croire. Ce qui l'intéresse, ce sont les faits précis, mesurables, vérifiables. Pour lui la valeur d'une action se juge aux résultats, à l'efficacité et plus tôt se manifeste cette efficacité, mieux cela est.

L'intuitif aime ce qui émerge mais n'est pas encore ; ce qui l'intéresse, ce sont les possibilités, les potentialités. Souvent « là-bas et ailleurs », il est en alerte sur ce qui est nouveau, sur ce qui pourrait être changé. Pour lui, parler de « détails ennuyeux » est un pléonasme. Dans l'action, ce qui lui importe, c'est l'originalité, la nouveauté.

Leurs modes d'apprentissage sont évidemment très différents. Le sensoriel aime apprendre pas à pas, en expérimentant concrètement ce qui lui est dit. Son savoir passe par ses mains. L'intuitif appréhende la globalité à travers la lecture, en prenant connaissance du schéma de montage.

---

1. Introduction de *L'économie française dans le Monde* - Que sais-je ? PUF Paris 1945 pour la première édition. Cité par Jacqueline Fourastié - Humanisme et Entreprise 1993 (100-125, 199-200).
2. Dans son très beau livre *Je vous écris* - Seuil - Paris 1993.

*Les jeux des enfants sont révélateurs. Le petit sensoriel trouvera son plaisir dans le Mécano, alors que le petit intuitif passera son temps à lire ou à créer des saynètes.*

Cette différence dans le mode d'apprentissage se retrouve dans le mode d'expression. Le sensoriel aime bien avancer son raisonnement par étape, sans omettre d'éléments. Il commence au début, et termine à la fin. L'intuitif procède par bonds : la conclusion lui saute aux yeux avant les étapes intermédiaires. Les difficultés de compréhension en ce domaine peuvent être grandes, chacun devant la difficulté de l'autre à le suivre ayant tendance à faire encore plus de la même chose. L'intuitif qui préfère avoir une vision d'ensemble avant d'entrer dans les détails sera vite perdu dans le discours séquentiel et pour lui fragmenté du sensoriel ; ce dernier dans un effort louable de mieux se faire comprendre fera ce qui lui paraît naturel : donner encore plus de détails pour bien étayer sa pensée, ce qui ne fera que rendre son discours encore plus confus pour l'intuitif. A l'inverse le sensoriel se demandera quel tour de passe-passe lui joue l'intuitif qui lui donne la conclusion avant d'avoir exploré toutes les prémisses ; désireux de faire partager sa conviction, l'intuitif risque de répéter de plus en plus que « c'est pourtant bien clair », ce que le sensoriel interprétera comme complètement « fumeux ».

*Nous agissons souvent ainsi comme l'ivrogne qui rentrant tard le soir perd sa clé. Quelques minutes plus tard son voisin le trouve scrutant le sol sous le réverbère. « Naturellement, » explique l'ivrogne au voisin qui s'étonne de le voir chercher sa clé à une dizaine de mètres de l'endroit où il l'a perdue, « je regarde là où il y a de la lumière ». Nous restons souvent prisonniers de notre rond de lumière, chacun sous son réverbère....*

En matière de langage le sensoriel est littéral et l'intuitif symbolique. Le premier prend les mots dans leur sens exact et précis, pour ce qu'ils signifient directement. L'intuitif leur associe un contexte, des références, des potentialités ; les mots sont importants non pour ce qu'ils disent mais pour ce qu'ils évoquent. Le factuel est du côté de la dénotation, du renvoi à une réalité univoque ; l'intuitif, du côté de la connotation, du sens particulier qui varie selon la situation ou le contexte.

*Au mot pomme, le sensoriel pense « Granny Smith », « Golden », fruit, compote, rouge, vert, Normandie. L'intuitif évoque, Adam et Eve, Newton, Mac Intosh, New York[1], Guillaume Tell.*

1. New York est familièrement appelé « Big Apple », la grosse pomme ; et les Mac Intosh sont des ordinateurs fabriqués par la société Apple.

Le chiffre significatif du factuel est « 1 », l'unité, base de la mesure, qui renvoie à l'existant, au moment présent, à ce qui est ; le nombre symbolique de l'intuitif est « ∞ », l'infini, qui ouvre sur le monde de tous les possibles, sur l'imaginaire.

Sensation et Intuition se présentent de fait sous une forme extravertie ou introvertie, ce qui nuance le tableau que nous avons brossé jusqu'ici.

- La Sensation extravertie, tournée vers le monde extérieur, est orientée vers l'action concrète, l'efficacité. Les personnes de ce type sont en général réactives, ont le sens de l'improvisation technique, font preuve de débrouillardise. Elles vivent dans le présent, sans regret inutile pour le passé ni attente exagérée de l'avenir. « Ici et maintenant » pourrait être leur devise.
- La Sensation introvertie, tournée vers le monde intérieur, est méthodique et mesurée. Les personnes de ce type ont le sens des procédures, des démarches éprouvées qui permettent d'aboutir à des résultats certains. Elles se rangent volontiers du côté de la tradition.
- L'Intuition extravertie, tournée vers le monde extérieur, est spontanée, rapide. Les personnes de ce type réagissent aux sollicitations extérieures par des idées nouvelles. Pour elles, le monde est neuf chaque matin et chaque instant peut être celui d'une création.
- L'Intuition introvertie, tournée vers le monde intérieur, donne la vision du futur. Les personnes de ce type ont le sens de la synthèse, de la prospective. Elles élaborent des scénarios, des programmes, qu'elles expriment ensuite de façon méthodique et organisée – dans le but de transformer le monde extérieur.

### *Exagération des préférences*

La dimension S/N est sans doute celle sur laquelle les incompréhensions sont les plus difficiles à gérer ; moins apparentes souvent que sur les autres dimensions, elles reflètent le mode irrationnel, non réfléchi, de perception de la réalité. Les fonctions S et N sont vraiment les lunettes que nous chaussons pour regarder le monde ; et tout naturellement nous avons chacun du mal à imaginer qu'il peut être perçu autrement que tel que nous ne le percevons nous-mêmes. A quoi ressemblerait un univers où nous entendrions les ultrasons ou bien verrions les infrarouges ? Et comment comprendrions-nous l'extraterrestre qui, lui, nous en parlerait comme d'une évidence ?

Le « S » poussé à l'extrême, ou tel qu'il est parfois vu par l'intuitif, peut être pragmatique au point d'ignorer les autres aspects de la vie ; le réalisme exagéré conduit au matérialisme, à la méconnaissance des phénomènes spirituels. L'argent peut venir ainsi prendre une importance démesurée dans la vie d'un sensoriel.

L'hypertrophie de l'observation peut aussi conduire au manque d'imagination, à la routine et la sclérose. Le danger de bureaucratisation rôde à l'horizon. Le « S » excessif peut ne pas voir plus loin que le bout de son nez. Or disait joliment le Général de Gaulle : « Ce n'est pas parce qu'il faut avoir les pieds par terre qu'on doit avoir le nez au ras du gazon ».

En sens inverse, l'intuitif peut vivre si loin dans le monde des possibles qu'il en perd tout contact avec la réalité. Professeur Nimbus, il ignore si superbement les contingences matérielles que d'autres doivent en prendre soin pour lui. « YAKA - FAUKON » est son royaume.

Sa capacité à envisager sans cesse d'autres manières de faire risque non seulement de le rendre « fumeux » ou incompréhensible, mais encore de le rendre instable et fatigant, une idée en cachant une autre. Papillon, il se brûle à la flamme des idées nouvelles au risque de n'en jamais concrétiser une seule.

### *Mots clés*

| Sensation | Intuition |
|---:|---|
| Éléments | Liens |
| Présent | Futur |
| Pratique | Imaginatif |
| Procédures | Inventions |
| Séquentiel | Aléatoire |
| Ligne de conduite | Flair |
| Répétition | Variété |
| Jouissance du présent | Anticipation du futur |
| Conserver | Changer |

***Personnalités représentatives***

| Sensation | Intuition |
|---|---|
| St Thomas (l'apôtre)<br>Ignace de Loyola<br>Claude Bernard<br>Freud | Archimède<br>Léonard de Vinci<br>Poincaré<br>Jung |

☞ *N'oubliez pas de continuer à remplir la fiche 2, page 48.*

☞ *Et pour vous entraîner, allez voir la fiche 4, page 53.*

# Les fonctions de jugement : pensée et sentiment

| | | | | | |
|---|---|---|---|---|---|
| E<br>I | Energie → Perception | S T<br>N F | **Décision** → Style de vie | { |

### *Définition*

Après le recueil d'informations, sur l'un ou l'autre mode, vient la prise de décision. Le type de critère que nous adoptons alors dépend de notre préférence pour l'une des deux fonctions de jugement :

— la pensée logique, représentée par la lettre **« T »**, initiale du mot « Thinking », et qui est conservée en français pour des raisons d'harmonisation internationale,

— le sentiment, représenté par la lettre **« F »**, initiale du mot « Feeling ».

La personne de type Pensée, ou « T », se décide en fonction de ce qui lui paraît logique, objectif. La question fondamentale à laquelle elle cherche à répondre est de distinguer le vrai du faux. La personne de type Sentiment, ou « F », se décide en fonction de ses valeurs personnelles, subjectives. La question fondamentale est pour elle de distinguer le bien du mal. Le résultat des deux démarches peut au demeurant être strictement le même ; ce qui différencie le « T » du « F », c'est la manière d'arriver à la conclusion, non pas la conclusion elle-même. Les fonctions sont des manières de procéder ; elles sont à différencier, en tant que mode d'opération, des contenus auxquelles elles donnent naissance.

Le mot sentiment risque d'être trompeur ; il revêt dans le langage courant plusieurs significations, dont il convient de le différencier[1] :

---

1. Sur la fonction Sentiment, voir James Hillman, *The Feeling Function* in *Jung's Typology*.

— Le verbe « sentir » est utilisé aussi bien pour le sentiment que pour la sensation : se « sentir bien (ou mal) » évoque autant une expérience physique qu'un ressenti psychologique. Nous parlerons de Sensation quand un état physique est en jeu, et de Sentiment quand il s'agit d'un état interne, psychique, tout en sachant que les deux aspects sont intimement liés dans le vécu individuel.

— Le même verbe « sentir », ou son équivalent : « J'ai le sentiment », est aussi fréquemment utilisé dans le sens de « comprendre intuitivement » le rapprochant ainsi de la fonction Intuition — ce que nous éviterons de faire.

— Le mot « sentiment » lui-même est très largement pris dans le sens de « émotions », « affects », avec éventuellement une connotation amoureuse (« avoir un sentiment pour quelqu'un »). C'est le sentiment « chaud », qui n'est pas principalement celui dont il est question ici. Nous prenons ici Sentiment dans le sens ancien, tel que le définit par exemple le dictionnaire Robert : « Jugement, opinion qui se fonde sur une appréciation subjective et non sur un raisonnement logique ». Il s'agit du sentiment « froid ». Les deux aspects ici aussi sont souvent liés dans la pratique : l'affectivité (= « sentiment chaud ») est plus directement mise en jeu par l'appréciation subjective (= « sentiment froid ») que par la pensée logique impersonnelle.

— La fonction « Sentiment » est donc à distinguer des sentiments eux-mêmes. D'une part la fonction « Sentiment » peut s'exercer sur tous les contenus de la psyché, pensées ou sentiments ; d'autre part les sentiments peuvent être traités sur un autre mode que celui de la fonction « Sentiment », par exemple ils peuvent être jugés sur un critère d'efficacité opérationnelle par la Pensée logique.

Notons que si sentiment n'égale pas émotion, il ne convient pas davantage d'associer pensée et intelligence. Le « F » peut faire preuve d'intelligence tout autant qu'un « T » ; et celui-ci éprouvera des émotions aussi bien qu'un « F ». S'il est extraverti, il les exprimera même mieux qu'un « F » introverti.

Pour Jung il y a donc deux manières, tout aussi rationnelles l'une que l'autre, de prendre une décision : l'une consiste à s'appuyer sur un raisonnement impersonnel et logique, l'autre sur l'intime conviction, le for intérieur.

Comment ne pas penser ici au célèbre : « Le cœur a ses raisons que la raison ne connaît pas... » ?

Et ce passage où Pascal développe sa pensée (ou son sentiment ?) : « Le cœur a son ordre ; l'esprit a le sien, qui est par principe et par démonstration, le cœur en a un autre. On ne prouve pas qu'on doit être aimé, en exposant d'ordre les causes de l'amour ; cela serait ridicule. Jésus Christ, saint Paul ont l'ordre de la charité, non de l'esprit ; car ils voulaient échauffer, non instruire. Saint Augustin de même. Cet ordre consiste principalement à la digression sur chaque point qui a rapport à la fin, pour la montrer toujours »[1].

Des deux ordres, aucun n'a l'avantage sur l'autre, tant ils se complètent l'un l'autre. Et là encore, deux Pensées, qui traduisent bien la tension et l'équilibre entre ces deux pôles :

« Toute notre dignité consiste donc en la pensée. C'est de là qu'il faut nous relever et non de l'espace et de la durée, que nous ne saurions remplir. Travaillons donc à bien penser : voilà le principe de la morale »[2].

« Il faut se connaître soi-même : quand cela ne servirait pas à trouver le vrai, cela au moins sert à régler sa vie, et il n'y a rien de plus juste »[3].

Qu'en lettres de feu cette phrase s'inscrive au fond de nos cœurs et de nos esprits : à elle seule, elle résume le pourquoi et l'essence de ce livre !

### *Principaux traits caractéristiques*

Par rapport à un événement, la personne de type Pensée prendra généralement une attitude détachée ; elle se situera à l'extérieur, en observateur impartial, qui analyse les facteurs explicatifs et pèse les « pour » et les « contre » de la décision à prendre. A l'opposé la personne de type Sentiment s'impliquera dans la situation ; elle ressentira ce que la décision à prendre représente pour les acteurs concernés dont elle percevra les motivations.

Le « T » pourra prendre en compte les sentiments des autres ; mais comme un des facteurs qui entrent dans son analyse, au même titre que d'autres éléments. Par rapport à ces

1. Pascal - *Pensées* - Éditions de la Pléiade - Fragment 72.
2. Idem - 264.
3. Idem - 81.

sentiments[1], il pourra même porter un jugement et manifestera de la sympathie s'il les approuve, de l'antipathie s'il les désapprouve. Le « F », lui, vibrera aux sentiments de l'autre comme s'ils étaient siens, avant même de chercher à savoir s'il les partage ou non. Le psychologue Carl Rogers a appelé « empathie » la faculté qui « consiste à percevoir exactement le cadre de référence interne d'une autre personne avec les composantes émotionnelles et les significations qui s'y attachent, comme si l'on était l'autre personne, mais sans jamais perdre la condition du comme si ». Les personnes de type « F » se mettent facilement à la place de l'autre, et ont plus de difficulté à maintenir la condition du « comme si » ; les personnes de type « T » ont une conscience spontanée du « comme si » et perçoivent plus difficilement les composantes émotionnelles.

La position distanciée du « T » lui permet d'atteindre plus aisément son objectif de justice et clarté ; le souci d'implication du « F » le rend apte à faire régner l'harmonie, qui est une de ses principales préoccupations.

---

1. Nous utilisons délibérément le démonstratif « ces » alors que la grammaire inclinerait vers le possessif « ses » pour traduire justement l'attitude de la personne de type « T » qui prend les sentiments comme une donnée plus qu'un vécu ressenti ou partagé.

Ceci se traduit également dans la manière dont l'un et l'autre émettent et reçoivent la critique. Pour le « T » ce qui ne va pas saute aux yeux et doit être dit tel quel ; la louange viendra ensuite, éventuellement. Pour le « F », l'appréciation positive est première ; les défauts ne sont signalés ensuite que si le climat permettant de les dire sans vexer a été établi.

*Dans l'observation de l'exactitude des trains, le « T » notera d'abord, voire uniquement, les trains en retard ; le « F » félicitera plus facilement les conducteurs pour leur ponctualité habituelle.*

La réception de la critique sera symétrique de son émission. C'est-à-dire que le « T » sera satisfait de se voir signalé le défaut à corriger. Lui qui se situe à l'extérieur pour juger se situe également à l'extérieur pour entendre ; c'est la bavure qui est critiquée, pas lui. A l'opposé le « F » différencie en général mal la critique spécifique et la remise en cause personnelle : il n'entend pas qu'il a fait une erreur, il comprend qu'il est nul.

Si l'art de la critique est si difficile, c'est qu'elle se prête à des jeux croisés auxquels il faut être vigilant, surtout lorsqu'une relation d'autorité interfère. En effet le « T » qui critique le « F » à sa manière, directe, sans fioritures, a de fortes chances de provoquer une réaction de blocage, ou de rejet. Cette réaction incompréhensible pour lui peut l'irriter et le rendre encore plus tranchant ; il insistera en disant : « Mais enfin, soyez logique, objectif... », tous commandements qui n'ont aucune chance d'atteindre celui qui ressent la critique de façon subjective et affective, sauf éventuellement pour renforcer le sentiment qu'il n'est vraiment pas à la hauteur. En sens contraire, l'approche en douceur du « F » va probablement déconcerter le « T » qui se demandera quel cactus dissimulent les louanges de son interlocuteur. Et si alors il déclare brusquement : « Bon, qu'est-ce qui ne va pas, dites-le moi clairement », son interlocuteur « F » peut traduire : « Aïe ! je l'ai déjà vexé, il faut que j'avance plus prudemment » — ce qui bien entendu ne fera que renforcer l'impatience du « T ».

*Au demeurant, la critique n'est jamais très facile à recevoir, et de nombreux autres facteurs peuvent intervenir. Un groupe avec lequel nous travaillions la question nous fit observer : « On est tous « T » quand il s'agit de critiquer les autres, et tous « F » quand on est critiqué ! »*

Les modes de communication de « T » et « F » sont différents. Le message de la personne de type Pensée porte sur les principes ; le contenu du discours est pour elle le plus important. Le message du « F » porte sur les personnes et leurs valeurs ; les modalités du discours, l'interaction entre l'émetteur et le récepteur, sont pour lui essentielles. Le « T » démontre et pense que l'adhésion intellectuelle est le moteur de la décision ; le « F » convainc et estime que la motivation personnelle est le ressort de l'action. Le « T » compare les solutions possibles, c'est un spécialiste de l'analyse multicritères ; le « F » évalue en bien ou mal, c'est un spécialiste de l'éthique.

En ce qui concerne les relations, le « T » les aime en général impersonnelles et objectives ; non qu'il évite l'intimité avec les personnes qui lui sont proches. Mais cette intimité est souvent vécue sur un mode de compréhension intellectuelle. Le « T » a avant tout besoin de clarté. Le « F » pour sa part souhaite des relations personnelles, empreintes d'intimité et de chaleur ; ce qui prime, c'est le besoin d'harmonie.

Pensée et Sentiment se présentent de fait sous une forme extravertie ou introvertie, ce qui nuance le tableau que nous avons brossé jusqu'ici.

- La Pensée extravertie, tournée vers le monde extérieur, tend à l'organiser et à le mettre en ordre. Les personnes de ce type ont en général le goût de l'autorité, elles savent mettre en place les démarches et les manières de faire qui vont permettre d'atteindre le résultat.
- La Pensée introvertie, tournée vers le monde intérieur, est à la recherche de l'explication la plus approfondie possible. Les personnes de ce type sont à l'aise dans la complexité dont elles cherchent à extraire l'essence. Ce sont des questionneurs infatigables qui remettent volontiers en question les certitudes acquises.
- Le Sentiment extraverti, tourné vers le monde extérieur, cherche à y réaliser les valeurs dont il est porteur. Les personnes de ce type se sentent naturellement à l'aise pour harmoniser les autres en vue d'un but qu'elles feront partager avec une grande force de conviction.
- Le Sentiment introverti, tourné vers le monde intérieur, tend à la réalisation de l'harmonie intérieure. Les personnes de ce type entraînent par la force de leur intime conviction et sont volontiers les garantes du respect de l'idéal. Celui-ci se situe d'ailleurs davantage dans sa recherche même que dans une quelconque réalisation, toujours imparfaite.

### *Exagération des préférences*

Sur cette dimension comme sur les autres, les attitudes unilatérales peuvent amener à des comportements inadaptés et les oppositions entre préférences conduisent aussi à des perceptions réciproques négatives.

C'est ainsi que la personne de type « T » peut apparaître comme froide, voire condescendante ou sans cœur. Sa facilité de critique peut friser la causticité ; il arrive ainsi au « T » de blesser sans le vouloir et même parfois sans s'en rendre compte. L'excès de logique peut le conduire à négliger si fortement les sentiments des autres qu'il se les aliénera.

A l'opposé le « F » paraîtra émotionnel sans rime ni raison ; le « T » lui prêtera volontiers un cœur d'artichaut prêt à se laisser apitoyer. Le goût de l'harmonie pourra conduire le « F » à éviter les conflits à tout prix et à céder plutôt qu'à exprimer ses propres désirs. Et s'il ne contrôle pas sa capacité empathique à percevoir les sentiments de ceux avec qui il est en contact, il pourra se laisser envahir par des émotions extérieures dont il sera l'otage.

### *Mots clés*

| Pensée | Sentiment |
|---:|---|
| Objectif | Subjectif |
| Justice | Harmonie |
| Froid | Chaleureux |
| Impersonnel | Personnel |
| Critique | Compliment |
| Analyse | Empathie |
| Principes | Valeurs |
| Conviction | Persuasion |
| Juge | Avocat |
| Fermeté | Intimité |

***Personnalités représentatives***

| Pensée | Sentiment |
|---|---|
| St Thomas d'Aquin<br>Descartes<br>Kant<br>Lord Russell | St Augustin<br>Beethoven<br>Carl Rogers<br>Abbé Pierre |

☞ *Et maintenant : êtes-vous T ou F ? Voir fiche n°2, page 48.*

☞ *Et allez voir la fiche 5, page 55, qui vous attend pour quelques exercices.*

# Le style de vie

$\left.\begin{matrix}E\\I\end{matrix}\right\}$ Energie ➔ Perception $\left\{\begin{matrix}ST\\NF\end{matrix}\right\}$ Décision ➔ **Style de vie** $\left\{\begin{matrix}\mathbf{J}\\\mathbf{P}\end{matrix}\right.$

### *Définition*

Jung dans *Les Types psychologiques* a distingué les fonctions de perception (S/N) et les fonctions de jugement (T/F) mais n'a pas fait de l'opposition entre Jugement et Perception une dimension spécifique de la psyché. C'est Isabel Myers qui a formalisé cette attitude qui indique la manière dont chacun se situe par rapport au monde extérieur et organise son mode de vie. Elle se caractérise par deux pôles :

— la préférence pour la perception (**P**) d'une part,

— la préférence pour la décision ou jugement (**J**) d'autre part.

La personne de type « P » a une attitude réactive ; elle préfère être disponible le plus possible aux opportunités de la vie. La personne de type « J » a une attitude « proactive » ; elle préfère exercer la plus grande maîtrise possible sur son mode de vie. Dans le dilemme insoluble de la poule et de l'œuf, le « P » accorde la priorité à l'œuf car il y voit l'origine, la potentialité qui aboutira un jour à une poule. Le « J » pour sa part penche pour la poule car il lui attribue une attitude active, décidée, se traduisant par un résultat bien concret : l'œuf. Le premier ouvre les voies du possible et les maintient ouvertes autant que faire se peut ; le second en choisit une rapidement et l'organise.

> *Nous avons constaté que Charlotte (« P ») ne cachète son courrier qu'à la dernière minute, quitte à le faire devant la boîte aux lettres : elle peut ainsi toujours rajouter quelque chose. Jean (« J ») pèse, timbre et ferme toute lettre écrite. Il est ainsi toujours prêt, quitte à devoir la rouvrir s'il a oublié quelque chose.*

### *Principaux traits caractéristiques*

Le « J » a un mode d'existence organisé ; il aime planifier ses activités et se préparer à ce qui va arriver. Le Renard qui demande au Petit Prince de toujours venir à la même heure pour pouvoir mieux se réjouir de sa visite est sans doute un « J ». A l'opposé le « P » aime bien être flexible, s'adapter aux circonstances. Si tel est son bon plaisir, à l'instar du Petit Prince, il tirera sa chaise pour contempler le plus grand nombre possible de couchers de soleil successifs.

Le « J » aime l'ordre, le classement, le rangement. Regardez sa table de travail : les objets usuels sont à la place qui lui a semblé la plus appropriée, toujours la même pour en permettre facilement la saisie. Pas de papier superflu ; une corbeille de courrier, une feuille de papier blanc ; dans l'idéal, une table vierge et des dossiers bien classés. Pour lui « à esprit clair, bureau en ordre ». Boileau devait être un « J » pour dire que « ce qui se conçoit bien s'énonce clairement » : la pensée du « J » s'exprime dans un ordre cohérent, prévu et souvent prévisible.

Le « P » aime la profusion, le jaillissement, le choc des idées. Regardez sa table de travail ; les dossiers s'empilent, se chevauchent. Un océan de papiers la recouvre ; il est toujours à la recherche de ses lunettes, de son stylo, d'une gomme, qui gisent abandonnés dans quelque coin imprévu. Il a tellement l'habitude de les retrouver dans les endroits les plus curieux que la place « normale » est celle où il les cherche en dernier, à l'opposé du « J » qui, s'il ne trouve pas l'objet de ses recherches à sa place habituelle ne saura plus où aller puisque par définition l'objet ne peut être ailleurs que là où il doit être. Pour le « P », « à bureau vide, esprit vide ».

L'encombrement est d'autant plus grand que le « P » n'aime pas jeter. Rien n'étant jamais définitif pour lui, tout peut avoir un jour un nouvel usage ou une utilité ; il lui faut donc tout conserver. Le « J » par contre jettera sans pitié ce qui lui apparaîtra périmé ou inutile, estimant que le coût du stockage est plus élevé que l'utilité éventuelle, quitte au demeurant à ce que l'objet jeté lui fasse défaut dès le lendemain !

Le « J » aime prendre des décisions, mettre les choses en forme définitive ; trop de préparation peut l'irriter. Le principe « ne jamais remettre à demain ce que l'on peut faire aujourd'hui » est sien. Le « P » aime explorer, chercher ; les décisions lui semblent figer le mouvement de la vie. « Ne jamais décider aujourd'hui ce que l'on peut remettre à demain » est son principe.

Les différences sont frappantes en ce qui concerne la relation au temps. Pour le « J » le temps est une donnée, mesurable, contrôlable. Il a le sens des délais, des horaires. Un « J » est à l'heure. Pour le « P » le temps est un flux qui l'emporte, dont les limites sont imprécises et élastiques. Pour lui, être à l'heure à une réunion consiste habituellement à partir à l'heure à laquelle elle doit commencer ; encore heureux s'il ne rencontre pas en route quelque opportunité qu'il lui paraîtra primordial de saisir.

> *Le Général de Gaulle et le Président Mitterrand en sont de parfaits exemples. Pour être parfaitement à l'heure le premier arrivait en avance à ses rendez-vous ; mais ne voulant attendre publiquement, il faisait garer sa voiture non loin du lieu de la rencontre pour en repartir deux minutes avant l'heure fixée. Le second prenait régulièrement une à deux heures de retard dans le programme de sa journée, faisant varier celui-ci au gré des rencontres et de leur intérêt.*

Le « J » en voyage calculera le temps nécessaire pour aller à la gare ou à l'aéroport, y ajoutera une marge de sécurité en cas de pépin, et, de toute façon, comptera assez large pour ne prendre aucun risque. Ce qui l'amènera à être sur le quai de gare bien avant l'arrivée du train. Qu'à cela ne tienne, bien organisé, il a toujours dans sa poche un livre pour ne pas perdre son temps. Lorsque le train démarrera, il constatera avec désespoir qu'il a déjà tellement eu le temps de lire que le livre emporté ne lui suffira pas pour le restant du voyage. Le « P », dans les mêmes circonstances, considérera qu'il a bien le temps, cherchera avec frénésie son billet au moment — déjà tardif — où il pense devoir partir, claquera la porte pour la rouvrir aussitôt afin d'arroser les fleurs oubliées (à moins que ce ne soit, horreur, pour donner un dernier coup de téléphone — rapide bien sûr), arrivera finalement à la gare suant, soufflant, au moment où le train démarre, et à son immense contentement trouvera des mains secourables pour le hisser — il a eu son train sans perdre de temps, car bien sûr si les autres doivent l'attendre en permanence, lui déteste patienter !

Le « J » a le sens des délais, du programme ; le travail qui lui est confié est normalement prêt avant la date à laquelle il doit être rendu. A l'école, le jeune « J » fait ses devoirs le jour où on les lui donne. Le « P » s'attarde le plus longtemps possible dans les préliminaires ; il ne travaille bien qu'en « charrette » lorsqu'il doit produire sous la pression du temps. A l'école, le jeune « P » fait son devoir la nuit précédant sa remise ; et il demandera le plus souvent un délai de grâce à son professeur.

Les attitudes du « P » et du « J » se traduisent aussi dans leurs relations à l'autorité. Le « J » a le plus souvent le sens du devoir ; désobéir est un acte qui doit se justifier par de bonnes raisons ; le travail passe avant le loisir. Le « P » préfère combiner jeu et travail ; l'autorité lui est souvent insupportable et celui qui demande obéissance doit prouver qu'il a de bonnes raisons pour ce faire. Le « P » est spontanément rebelle. À l'école, il est l'enfant insoumis qui ne tient pas en place, alors que le « J » studieux fait preuve de « bonne conduite ». Pour le « P » tout cadre est une contrainte, alors que pour le « J » il est une garantie.

*Véronique, mariée depuis 25 ans à un homme qu'elle aime, mère heureuse de deux enfants, confie : « Le principe du mariage me pèse ; j'aimerais pouvoir me marier tous les ans, avec le même homme bien sûr. Mais je n'aime pas me sentir liée ».*

### *Exagération des préférences*

Ces deux attitudes sont particulièrement visibles dans le quotidien, puisque la préférence J/P se manifeste par définition dans la vie extérieure. Les heurts entre personnes ayant des préférences différentes sont donc fréquents. Non seulement il peut y avoir des rigidités de comportement dans un sens ou dans l'autre, mais en ce domaine, une attitude même « normale » est facilement perçue par une personne de la préférence opposée comme insupportable. Les différences sur l'échelle J/P sont la source d'agacements qui jalonnent à des cadences plus ou moins rapprochées les relations entre conjoints, parents et enfants, collègues de bureau etc.

C'est ainsi que le « J » peut devenir, ou est facilement perçu comme, rigide, tendu, exigeant, maniaque. Son sens de l'organisation peut le conduire à la bureaucratie tatillonne, à l'incapacité de s'adapter aux circonstances nouvelles. Il lui arrivera de persévérer dans l'erreur plutôt que de remettre en cause une décision prise. Et, décideur précoce, il lui arrivera aussi de décider beaucoup trop vite sans prendre les informations préalables nécessaires. L'ordre qu'il affectionne pourra se transformer en manie ; les institutions typiquement « J » (l'armée, certains ordres religieux) font preuve d'une véritable obsession du rangement : rappelez-vous, lecteur, les paquetages et les lits faits au carré sous peine de punitions ; et souvenez-vous, lectrice, si vous avez fréquenté de près ou de loin un pensionnat religieux, des napperons immuablement disposés sur le même guéridon ou des fleurs qui finissent par perdre leur charme à force d'être placées toujours de la même manière dans le même vase !

Le « P » quant à lui, peut devenir, ou est facilement perçu comme, irresponsable, brouillon, inorganisé. Sa flexibilité peut l'amener à ne jamais terminer les projets commencés, à papillonner d'une idée à l'autre sans se fixer sur aucune. Sa difficulté à respecter les horaires peut tourner au retard permanent, à manquer des opportunités faute d'organisation. Et sa répugnance à décider peut devenir de la « procrastination », qui consiste à toujours remettre au lendemain et à retarder les décisions au point de devenir le jouet des événements.

### *Mots clés*

| Jugement | Perception |
|---|---|
| Organisation | Flexibilité |
| Structure | Au fil de l'eau |
| Décision | Curiosité |
| Réflexion | Spontanéité |
| Conclusion | Ouverture |
| Planification | Attente |
| Echéance | Découverte |
| Production | Réception |

### *Personnalités représentatives*

| Jugement | Perception |
|---|---|
| Aristote | Platon |
| Liné | Churchill |
| de Gaulle | Mitterrand |
| Freud | Jung |

☞ *Et maintenant, faites votre dernier choix ! Vous complétez ainsi la fiche 2, page 48.*

☞ *Mais avant vous pouvez faire le test de la fiche 6, page 57.*

## EXERCICE N° 1

# LA NOTION DE PRÉFÉRENCE

Écrivez une phrase brève et signez.

À présent, écrivez de nouveau cette phrase (ou toute autre) et signez, avec votre autre main.

Quelles sont vos impressions ? Qualifiez la tâche que vous venez d'accomplir (facile/difficile, normal/étrange, etc.), dans l'un et l'autre cas.

## EXERCICE N° 2

## MES PRÉFÉRENCES

En suivant la description des préférences, notez ce que vous pensez être. Il est inutile de chercher à être trop précis ; l'essentiel est de déterminer de quel côté vous « penchez ».

**E** — **I**

Extraversion — Introversion

**Orientation de l'énergie**

Vers le monde intérieur — Vers le monde extérieur

**S** — **N**

Sensation — Intuition

**Perception**

Faits, Analyse — Associations, Globalité

**T** — **F**

Pensée — Sentiment

**Décision**

Sur le mode logique — Sur la base de valeurs personnelles

**J** — **P**

Jugement — Perception

**Style de vie**

Proactif, Organisé — Réactif, Adaptable

# EXERCICE N° 3

# EXTRAVERSION / INTROVERSION

### *Remarque*

L'exercice qui suit sera plus significatif si vous pouvez le faire à plusieurs. En ce cas, répartissez-vous en deux groupes, ceux qui préfèrent l'extraversion d'un côté, ceux qui préfèrent l'introversion de l'autre. Quand chaque groupe s'est mis d'accord sur les réponses à donner, comparez les résultats.

Si vous travaillez seul, répondez aux questions en fonction de ce que vous êtes, et comparez vos réponses à celles qui sont habituellement données par chaque groupe. Les réponses les plus fréquentes sont données après l'exercice, ne les consultez pas avant !

### *Exercice*

Voir pages suivantes.

***Questions pour un extraverti :***

- Qu'aimez-vous dans le fait d'être extraverti ?

- Que n'aimez-vous pas dans le fait d'être extraverti ?

- Qu'aimez-vous chez les introvertis ?

- Que n'aimez-vous pas chez les introvertis ?

***Questions pour un introverti :***

- Qu'aimez-vous dans le fait d'être introverti ?

- Que n'aimez-vous pas dans le fait d'être introverti ?

- Qu'aimez-vous chez les extravertis ?

- Que n'aimez-vous pas chez les extravertis ?

## QUELQUES RÉPONSES HABITUELLES

### *Remarques :*

- Il s'agit des commentaires qui reviennent le plus souvent dans les groupes que nous animons ; il peut y en avoir beaucoup d'autres.

- Il ne s'agit pas d'une description « objective » de chaque pôle mais plutôt des réactions spontanées, avec la part de clichés et stéréotypes qu'elles comportent.

| QUESTIONS | EXTRAVERTIS | INTROVERTIS |
|---|---|---|
| ***1) Qu'aimez-vous dans le fait d'être extraverti ou introverti ?*** | notre facilité de contacts<br>notre sociabilité<br>notre aisance en public<br>notre dynamisme<br>notre enthousiasme | notre calme et concentration<br>notre capacité d'approfondissement<br>notre qualité d'écoute<br>notre usage à bon escient de la parole |
| ***2) Que n'aimez-vous pas dans le fait d'être extraverti ou introverti ?*** | notre précipitation dans la parole ou l'action<br>notre apparence de superficialité<br>notre manière de bousculer les gens | notre difficulté à aborder les gens, à parler trop tardivement<br>notre apparent manque de spontanéité |
| ***3) Qu'aimez-vous chez les autres ?***<br>*Réponse des E pour les I dans la 2° colonne, réponse des I pour les E dans la 1° colonne.* | leur facilité à parler<br>leur capacité à entretenir la conversation et à animer<br>leur énergie | leur concentration<br>leur capacité d'écoute<br>leur pondération<br>le fait qu'ils nous mettent en valeur par leur réserve |
| ***4) Que n'aimez-vous pas chez les autres ?***<br>*Même disposition que ci-dessus.* | le bruit de fond permanent<br>leur incapacité à écouter<br>le fait qu'ils parlent trop et sans réfléchir avant | leur mutisme<br>le fait qu'on ne sait jamais ce qu'ils pensent<br>leur manque de dynamisme |

# EXERCICE N° 4

# SENSATION / INTUITION

***Remarque***

L'exercice qui suit sera plus significatif si vous pouvez le faire à plusieurs. En ce cas, répartissez-vous en deux groupes, ceux qui préfèrent la sensation d'un côté, ceux qui préfèrent l'intuition de l'autre. Quand chaque groupe s'est mis d'accord sur les réponses à donner, comparez les résultats.

Si vous travaillez seul, répondez aux questions en fonction de ce que vous êtes, et comparez vos réponses à celles qui sont habituellement données par chaque groupe. Les réponses les plus fréquentes sont données après l'exercice, ne les consultez pas avant !

***Exercice***

Décrivez le lieu dans lequel vous êtes actuellement.

### *Sensation*

Les personnes qui préfèrent la Sensation comme mode de Perception tendent à :

- décrire analytiquement
- donner de nombreux détails
- être très précises dans leur description
- indiquer des chiffres si elles le peuvent
- utiliser leurs cinq sens
- commencer par le particulier pour finir par le général
- exposer longuement

### *Intuition*

Les personnes qui préfèrent l'Intuition comme mode de Perception tendent à :

- commencer par donner une image globale
- aller du général au particulier
- décrire l'ambiance générale
- indiquer ce que cela leur évoque
- faire des inférences
- employer des métaphores ou des analogies
- adopter une forme d'écriture qui rappelle l'ambiance du sujet décrit

# EXERCICE N° 5

## PENSÉE/SENTIMENT

### *Remarque*

L'exercice qui suit sera plus significatif si vous pouvez le faire à plusieurs. En ce cas, répartissez-vous en deux groupes, ceux qui préfèrent la pensée d'un côté, ceux qui préfèrent le sentiment de l'autre. Quand chaque groupe s'est mis d'accord sur les réponses à donner, comparez les résultats.

Si vous travaillez seul, répondez aux questions en fonction de ce que vous êtes, et comparez vos réponses à celles qui sont habituellement données par chaque groupe. Les réponses les plus fréquentes sont données après l'exercice, ne les consultez pas avant !

### *Exercice*

**1.** Sous quelle forme souhaitez-vous que l'on vous montre que l'on vous apprécie (« on » = patron, amis, proches) ?

**2.** Que souhaitez-vous que l'on apprécie en vous ?

**3.** Que ressentez-vous si vous êtes critiqué ?

QUELQUES RÉPONSES HABITUELLES

| | T | F |
|---|---|---|
| 1 | - récompense financière<br>- manifestations verbales ou écrites, argumentées<br>- l'intérêt de l'appréciation est fonction de la compétence de celui qui apprécie | - petits cadeaux mais pas nécessairement argent<br>- manifestations chaleureuses (regard, sourire)<br>- l'intérêt de l'appréciation est fonction de l'authenticité de celui qui apprécie |
| 2 | - ce que nous faisons<br>- objectivité, logique, justice, compétence | - ce que nous sommes<br>- toutes les qualités personnelles |
| 3 | - colère, injustice<br>- indifférence<br>- réaction de compétition | - dépression, détresse<br>- choc personnel<br>- frustration |

## EXERCICE N° 6

# JUGEMENT/PERCEPTION

### *Remarque*

Répondez spontanément aux questions ci-après.
Faites votre total et comparez avec les réponses de la page suivante.

### *Mini questionnaire*

(Nota : ce questionnaire n'est pas l'Indicateur Typologique de Myers-Briggs mais un simple repère comportemental.)

Cerclez les réponses qui vous conviennent :

| QUESTIONS | RÉPONSES | | | |
|---|---|---|---|---|
| **1.** Etes-vous naturellement toujours à l'heure ou vous arrive-t-il fréquemment d'être en retard ? | *à l'heure*<br>1 | 2 | 3 | *en retard*<br>4 |
| **2.** Rangez-vous immédiatement après avoir fini un travail ou plus tard ? | *de suite*<br>1 | 2 | 3 | *plus tard*<br>4 |
| **3.** Exécutez-vous les listes de choses à faire ou vous contentez-vous de les écrire ? | *exécute*<br>1 | 2 | 3 | *écrit*<br>4 |
| **4.** Arrivez-vous à la gare en avance ou au dernier moment ? | *en avance*<br>1 | 2 | 3 | *dernier moment*<br>4 |
| **5.** En général, savez-vous d'avance ce que vous allez faire ou improvisez-vous le moment venu ? | *prévoit*<br>1 | 2 | 3 | *improvise*<br>4 |
| **6.** Jetez-vous facilement ou difficilement ce qui ne vous sert pas immédiatement ? | *facilement*<br>1 | 2 | 3 | *difficilement*<br>4 |
| **7.** Bouclez-vous vos bagages dès qu'ils sont faits ou juste avant le départ ? | *quand ils sont faits*<br>1 | 2 | 3 | *avant le départ*<br>4 |
| **8.** Quand vous avez à rendre un travail, le faites-vous à l'avance ou à la dernière minute ? | *à l'avance*<br>1 | 2 | 3 | *dernière minute*<br>4 |
| **9.** Vous faut-il du temps pour vous accoutumer à un changement ou cela vous réjouit-il ? | *du temps*<br>1 | 2 | 3 | *un plaisir*<br>4 |

## RÉPONSES HABITUELLES

Si votre score total est :

- inférieur à 18 points, vous êtes probablement plutôt **« J »**

- supérieur à 18 points, vous êtes probablement plutôt **« P »**

Chapitre 2.

# DÉCOUVRIR SON TYPE

## *Préférences et types*

La combinaison des préférences aboutit à la constitution de seize « types ». Ils sont désignés par les quatre lettres qui représentent le pôle préféré pour chacune des dimensions ; chaque type a donc ainsi son sigle. Les 16 types sont habituellement présentés sous forme d'une table que l'on trouvera à la page suivante.

La disposition dans la table des types a été faite par Isabel Myers. Elle en donne une justification qu'il convient de prendre plus comme un moyen mnémotechnique pour reconstituer facilement la table que comme une explication essentielle :

— les « I » occupent les deux lignes du haut, les « E » les deux lignes du bas ;

— les « S » sont dans les deux colonnes de gauche, alors que les « N » sont dans les deux colonnes de droite, comme dans la distinction « cerveau gauche/cerveau droit » ;

— les « T » peu émotifs se trouvent dans la première et la dernière colonne, protégeant ainsi les « F » au « cœur tendre » situés dans les deux colonnes centrales ;

— les « J » rigoureux encadrent, première et dernière ligne, les « P » flexibles, placés dans les deux lignes du milieu pour leur éviter de se disperser.

D'une case à l'autre, un seul élément change. Les bords se rejoignent : une seule lettre différencie par exemple l'ESTJ de l'ENTJ ou de l'ISTJ. La table des types doit être vue plus comme une sphère que comme un plan.

Les types ne se résument d'ailleurs pas à la simple juxtaposition des lettres. Les préférences interagissent pour donner des caractéristiques globales qui ne sont pas la seule addition des caractéristiques de chaque préférence. Le tout est ici plus grand que la somme des parties ; chaque type est animé d'une dynamique propre. Nous décrirons les principes de cette dynamique dans le chapitre 3. Et nous verrons comment ils se traduisent concrètement dans les « portraits » qui figurent en fin de volume.

| | | | |
|---|---|---|---|
| **ISTJ** | **ISFJ** | **INFJ** | **INTJ** |
| **ISTP** | **ISFP** | **INFP** | **INTP** |
| **ESTP** | **ESFP** | **ENFP** | **ENTP** |
| **ESTJ** | **ESFJ** | **ENFJ** | **ENTJ** |

### *Types et tempéraments*

Outre la combinaison des préférences en seize types, il est possible de regrouper les types par « familles », en mettant par exemple ensemble tous les types qui ont deux lettres en commun. Nous obtiendrons ainsi quatre grandes familles comportant chacune quatre types. Selon les lettres mises en commun, nous aurons différentes familles. L'intérêt de ce procédé est double :

— il évite de rester figé dans une nomenclature, qui pourrait faire croire que l'humanité se résume à 16 types ;

— il met en relief, en fonction des regroupements choisis, différents aspects de la personnalité.

On peut ainsi regrouper les types par colonnes, ST, SF, NT, NF ; ou par lignes IJ, IP, EP, EJ ; ou par quadrants, IS, IN, ES, EN. Deux psychologues américains, David Keirsey et Marilyn Bates, ont proposé un groupement particulier, que l'on appelle « tempérament » (SJ, SP, NT, NF). Bien entendu, il s'agit là d'une définition propre au MBTI, différente de l'acception commune du mot — « il a du tempérament » — ou de celle donnée habituellement par les dictionnaires « caractère d'une personne »[1]. Tempérament signifie ici un groupe de familles de types bien particulier.

La division par tempéraments :

— se trouve correspondre à tout un courant traditionnel de pensée qui depuis Hippocrate et les humeurs, Paracelse et les éléments, répartit les types humains en quatre grands groupes. Certes tradition n'est pas raison, mais elle situe la réflexion dans une continuité.

— se révèle dans la pratique être un regroupement de types très caractéristique et très efficace pour comprendre un certain nombre de différences de comportements, notamment en ce qui concerne la relation à l'autorité, le mode d'apprentissage, les formes d'organisation sociale.

On utilisera différemment les deux approches :

— Les tempéraments seront indiqués pour permettre la compréhension rapide des principaux traits d'un interlocuteur ou pour déterminer de grandes options dans le cadre d'un travail de groupe.

---

1. *Dictionnaire Robert.*

— Les types seront indispensables dès qu'il s'agira de comprendre plus profondément le fonctionnement d'une personne ou les relations entre plusieurs d'entre elles, et surtout d'élaborer un chemin d'évolution.

## L'embarras du choix

### *Je n'arrive pas à savoir quel est mon type...*

C'est peut-être ce que vous vous dites. Rien de plus normal ! 40 % des gens ne peuvent dire quelle est leur préférence sur au moins une des quatre dimensions. Pourquoi ?

La difficulté d'observation est une première raison. Certes, deux fonctions opposées ne peuvent être utilisées en même temps ; au moment par exemple où l'on capte l'information par le canal de l'intuition, on ne peut mettre en œuvre en même temps la sensation. Ce serait, dit Isabel Myers, vouloir écouter deux stations radio différentes sur le même poste. Mais cela n'empêche pas que l'une et l'autre fonction puissent être utilisées selon les circonstances à des moments différents. Notre comportement est donc varié, fort heureusement. La préférence, et donc le type, apparaissent alors plus ou moins clairement.

Une raison plus fondamentale tient à un usage indifférencié des préférences. Cette indifférenciation a au moins deux origines possibles.

Dans un premier cas, les deux fonctions seraient également développées, sans préférence de l'une à l'autre. Pour reprendre l'image de la main droite et de la main gauche, on aurait alors affaire à un ambidextre. Cette situation est pourtant peu fréquente. Le fait de bien utiliser les deux fonctions opposées ne signifie d'ailleurs pas qu'il n'y ait pas préférence. Il apparaît même au contraire que la reconnaissance de la préférence conduise plus facilement à développer la fonction opposée que postuler une égalité de départ qui mène plutôt à la confusion.

Dans un deuxième cas, la préférence n'est pas claire parce que les deux fonctions ne sont pas nettement différenciées. A cela, plusieurs raisons.

Une première raison, probablement la plus fréquente, est le conditionnement. Il peut très bien se faire que « naturellement » vous ayez eu une préférence mais qu'elle ait été mal acceptée par votre environnement familial ou scolaire. C'est très souvent le cas de ceux dont la préférence est statistiquement moins fréquente ou socialement moins acceptée que les autres.

Deuxième raison : les normes professionnelles amènent souvent à adopter un comportement différent de celui qu'on aurait naturellement. Le modèle dominant dans l'entreprise occidentale est souvent E, S, T, J ; si vos préférences vont vers I, N, F ou P, il va vous falloir beaucoup de contorsions pour entrer de façon acceptable dans le moule. Au bout d'un certain temps vous risquez de ne plus très bien savoir où vous en êtes vous-même ; ou alors vous vivrez de façon quelque peu schizophrénique, ESTJ au bureau, INFP à la maison. Dans tous les cas, il est important de savoir exactement ce que vous êtes pour pouvoir prendre les mesures appropriées, que ce soit un changement de travail ou la création d'espaces et de temps vous permettant d'être réellement vous-même.

Enfin troisième raison, les personnalités dont nous nous inspirons, même inconsciemment. Si elles n'ont pas les mêmes préférences que nous, nous risquons en les imitant d'aller à contre-courant de notre nature. Les normes éducatives, culturelles, sociales peuvent selon les cas, aussi bien aider à s'épanouir que contrarier le développement de la personne.

## *Comment trouver sa préférence ?*

Si vous ne trouvez pas spontanément votre pôle préféré sur l'une ou l'autre dimension, le plus urgent est de ne pas vous presser. Autant il est important de travailler la question et de pouvoir lui donner à terme une réponse, autant il serait vain de croire possible de le faire rapidement.

Pour vous aider dans votre recherche, nous vous suggérons la démarche en 9 points qui suit. Mais attention, suivez-la selon votre type ! La démarche proposée a un côté « J » par sa rigueur ; il est très possible de l'utiliser de façon « P », spontanée et non systématique...

☞ *L'exercice n° 7 « Découvrez votre type » vous permettra de noter vos conclusions (voir page 69).*

**1)** Vous avez lu le chapitre 1 « Repérer ses préférences ». Sur la feuille de l'exercice n°2 « Mes préférences », vous avez noté la manière dont vous pensez vous situer sur chacune des dimensions. Prenez la lettre du côté où se trouve votre choix et reportez-la sur la fiche 7.

**2)** Nous avons observé en début de ce chapitre que le type n'était pas la simple juxtaposition des préférences mais le résultat de leurs interactions. Chacun des 16 types fait l'objet d'une description que vous trouvez en fin de volume. Ces portraits ne prétendent pas dire ce que vous êtes ; ils indiquent comment en général les personnes de ce type tendent à se comporter quand elles ont atteint un degré de développement « normal ».

Commencez par lire le « portrait » du type qui ressort de vos préférences. Par exemple si au paragraphe 1 vous estimez que vos préférences sont E, S, T, P, lisez le portrait de l'ESTP. Si cela paraît bien s'appliquer à vous, vous avez une nouvelle indication du fait qu'en termes de MBTI vous êtes plutôt ESTP. Si vous avez l'impression que cela ne colle pas exactement, lisez le portrait le plus proche, en modifiant la lettre sur laquelle vous avez peut-être eu une hésitation. Par exemple, vous hésitez entre S et N ; vous avez lu le portrait ESTP, il ne vous plaît qu'à moitié ; lisez donc le portrait ENTP et voyez s'il vous convient mieux.

Vous pouvez procéder ainsi plusieurs fois. Ne lisez cependant pas trop de portraits. Lus à la suite, vous risquez d'avoir l'impression que vous appartenez à tous, comme le patient qui lit un livre de médecine et se découvre tous les symptômes. C'est normal : nous possédons toutes les dimensions, nous avons donc des aspects de chaque. Ce que nous cherchons, c'est ce qui est le plus caractéristique. Si cela ne vous apparaît pas après plusieurs essais, passez à l'étape suivante. Vous pourrez toujours revenir ultérieurement à la lecture des portraits.

Si vous avez trouvé le portrait qui vous convient, notez-le sur la fiche « Choisissez votre type ». Ce sont peut-être les mêmes lettres que celles qui ressortent du 1. Elles sont peut-être différentes. Pour le moment, cela n'a pas d'importance.

**3)** Procédez de même avec les tempéraments. Choisissez le tempérament qui correspond à votre type. Si aux 1 & 2 vous avez la même réponse, pas de problème. Si vous avez deux réponses différentes, il peut se faire que cela vous conduise à lire deux descriptions de tempéraments. Par exemple vous hésitez entre ESTP, qui est votre résultat au 1 et ENTP qui est le portrait qui vous ressemble le plus. Il vous faut alors lire la description des tempéraments « SP » et « NT ». Voyez le tempérament qui vous convient le mieux. Avez-vous une présomption en faveur de l'une ou l'autre branche de l'alternative précédente ?

**4)** Votre indécision demeure sur l'une ou l'autre dimension. Choisissez dans votre entourage quelqu'un qui est caractéristique de cette dimension. Regardez comment il se comporte et voyez si vous faites de même ou si vous êtes très différent. Notez le résultat sur la fiche.

Cette démarche est évidemment assez difficile à conduire seul. Il vous faudra chercher autour de vous des personnes intéressées par cette démarche et qui voudront la partager. Vous pouvez également participer à l'un de nos séminaires. Lorsque plusieurs personnes sont en présence, les différences sautent beaucoup plus facilement aux yeux.

Que vous continuiez à hésiter ou non, cet exercice est très utile. Il aiguise votre sensibilité à la typologie jungienne et il vous rend très sensible au fonctionnement de ceux qui vous entourent. Eux comme vous ont tout à y gagner !

**5)** Vous pouvez entreprendre pour votre compte la démarche contraire à celle du 1. Voyez où vous avez le plus de difficultés, ce que vous faites le moins spontanément. Votre préférence est par déduction le pôle opposé sur la même dimension. En continuant l'exemple pris précédemment : il vous semble que S et N sont à égalité, mais quand vous y réfléchissez bien, toutes vos difficultés proviennent en général d'erreurs matérielles. Vous faites des fautes d'opérations, vous êtes distrait etc. C'est la sensation qui est défaillante ; votre préférence irait donc plutôt vers N.

Vous pourrez recouper cet exercice avec celui décrit au point 7, qui est plus développé. Pour le moment contentez-vous d'observer votre comportement. Ne faites pas non plus cette 5ème démarche immédiatement après les trois premières, vous risqueriez de ne plus voir clair du tout ! C'est pourquoi nous vous avons proposé entre temps la démarche n° 4 pour vous changer les esprits.

**6)** Les trois démarches suivantes vont vous amener à approfondir votre connaissance des types en général et du vôtre en particulier. Elles demandent que vous lisiez les chapitres 3 et 4. Prenez votre temps. Le vrai but n'est pas de mettre 4 lettres dans une case, mais d'apprendre à mieux vous connaître.

L'exercice n° 8 « La dynamique des fonctions » suppose que vous connaissez votre type. Si vous n'en êtes pas encore sûr à ce stade — ce qui n'a rien d'anormal — faites le choix qui vous paraît le plus proche de la réalité, le moins mauvais pour vous. Faites alors l'exercice, ce qui exige que vous lisiez en même temps l'exposé correspondant (chapitre 3, section « Les principes de la dynamique des fonctions »). Et regardez à la lumière des explications qui sont données si la croix des fonctions que vous avez obtenue correspond bien à votre fonctionnement.

**7)** Faites ensuite l'exercice n° 9 sur « Ma fonction inférieure ». A la fin de cet exercice, vous aurez une idée de votre fonction inférieure. Notez-la ; vérifiez qu'elle est bien l'opposée de la dominante du type auquel vous avez abouti précédemment. Si oui, vous avez une indication supplémentaire. Sinon, vous pouvez changer de type, ou reprendre la démarche à n'importe lequel des points précédents. Si vous ne l'avez pas fait avant cet exercice, lisez à présent la partie théorique qui s'y rapporte (Chapitre 3, section « Description de la dynamique des fonctions »).

**8)** Faites de même avec l'exercice n°10 « Les âges de ma vie ». Vérifiez que l'ordre d'activation des fonctions correspond bien à la croix des fonctions. Sinon, reprenez la démarche. Si vous ne l'avez pas fait avant cet exercice, lisez à présent la partie théorique qui s'y rapporte (Chapitre 4, section « Dynamique des fonctions et âges de la vie ».)

**9)** Tout bien pesé, vous pouvez à présent déterminer votre type. Il vous reste, si vous hésitez toujours ou si vous voulez une validation supplémentaire, un dernier recours : demandez à un professionnel qualifié MBTI de passer le questionnaire. Ce questionnaire ne tranchera pas à votre place ; son résultat dépend d'ailleurs des réponses que vous faites vous-même. Mais il vous fournira un éclairage distancié ; et vous aurez l'occasion d'en discuter avec quelqu'un qui pourra vous aider (voir « Adresses utiles » en fin de volume).

## EXERCICE N° 7

# DÉCOUVREZ VOTRE TYPE

| RÉFLEXIONS | RÉSULTATS (inscrire les lettres des préférences retenues) |
|---|---|
| **1)** Après avoir fait l'exercice n°1 sur les préférences, je pense que les quatre lettres qui me caractérisent sont : | |
| **2)** Après avoir lu les portraits des différents types, je pense que le type qui est le plus proche de moi est : | |
| **3)** Après avoir lu les descriptions des 4 tempéraments, je pense que mon tempérament est : | |
| **4)** Là où j'ai des hésitations, j'observe des personnes qui sont très caractéristiques d'une préférence, et je me situe par rapport à elles. Je pense avoir pour préférences : | |
| **5)** J'observe ce qui chez moi fonctionne le moins bien. Je note comme préférence le pôle opposé sur la même dimension : | |
| **6)** Après avoir fait l'exercice n°8 sur la dynamique des fonctions, je note mes fonctions dominante et auxiliaire avec leur orientation : | |
| **7)** Après avoir fait l'exercice n°9 sur la fonction inférieure, je note celle-ci après avoir vérifié qu'elle est bien l'opposé de ma dominante : | |
| **8)** Après avoir fait l'exercice n°10 sur les âges de la vie, je note l'ordre d'activation de mes fonctions et je vérifie qu'il correspond aux points 6 & 7 : | |
| **9)** J'en conclus que mon type est : | |

Chapitre 3.

# TROUVER SA DYNAMIQUE

La dynamique des fonctions est l'élément principal et original du MBTI. C'est elle qui le distingue des autres indicateurs de personnalité et c'est cet aspect qui en fait une aide au développement.

Dans les deux chapitres précédents, nous avons décrit :

— les éléments principaux du fonctionnement de la psyché[1], ce que nous avons appelé les préférences,

— et les résultats des interactions entre celles-ci, sous forme de « types » ou de « tempéraments ».

Nous avons ainsi fait un constat photographique en noir et blanc. Passons à présent à l'animation, au film en couleur. La question est alors d'aller au-delà de ces descriptions et d'en saisir le principe : pourquoi une personne d'un certain type a-t-elle tendance à se comporter d'une manière plutôt que d'une autre ? La connaissance du ressort fondamental de chaque type est le meilleur moyen de le comprendre, de saisir un schéma d'ensemble à travers les variations individuelles, de dégager un chemin de développement tant pour expliquer le passé que pour comprendre l'avenir.

Nous procéderons en deux temps :

— les éléments de base, les principes, de la dynamique des fonctions,

— la description des quatre fonctions et de leurs interactions.

1. Voir la définition de ce terme dans le lexique.

☞ *Pour vous appliquer directement à vous-même l'exposé qui va suivre, prenez la fiche n° 8, page 96.*

# Les principes de la dynamique des fonctions

## *Attitudes et fonctions*

Il convient d'abord de distinguer deux groupes parmi les quatre dimensions du MBTI : les attitudes et les fonctions.

**Les attitudes**

Ce sont :

- l'orientation de l'énergie : Extraversion/Introversion,
  représentées par les lettres **E** et **I**,
- le style de vie : Jugement/Perception,
  représentés par les lettres **J** et **P**.

Les attitudes forment en quelque sorte le « cadre » de la psyché. En simplifiant à l'extrême on pourrait les assimiler aux inputs/outputs de la cybernétique : l'énergie qui active le système, sous forme introvertie ou extravertie, le mode d'intervention qui en sort, proactif ou réactif.

**Les fonctions**

Ce sont :

- la Sensation, représentée par la lettre **S**
- l'Intuition, représentée par la lettre **N**
  qui sont toutes deux des fonctions de perception
  ou fonctions « irrationnelles »,
- la Pensée, représentée par la lettre **T**
- le Sentiment, représenté par la lettre **F**
  qui sont toutes deux des fonctions de jugement
  ou fonctions « rationnelles ».

Les fonctions sont le « moteur » même de la psyché, les mécanismes principaux de notre esprit. Pour compléter l'exemple cybernétique, elles sont la boîte noire elle-même. Nous avons tous à notre disposition les quatre fonctions (de même que les quatre attitudes). Nous préférons utiliser l'une par rapport à l'autre, mais cette préférence n'est pas une suppression de l'autre pôle. Au demeurant, la notion même de préférence implique qu'il y ait deux éléments en présence !

Il faut souligner que les fonctions sont des processus et non des contenus. Elles sont des modes de la psyché, non le résultat de son fonctionnement. Par exemple, être de type Pensée dominante, veut dire qu'on utilise de préférence un critère logique et général pour prendre une décision, que cette décision porte sur des idées ou sur des sentiments. Autrement dit, on peut prendre des décisions de type Pensée logique à propos de sentiments. De même une personne de type Sentiment dominant aura tendance à utiliser sa fonction Sentiment sur des contenus de type logique aussi bien qu'affectif. Pour illustrer ces propos de façon un peu caricaturale, une personne peut dire : « Il est logique d'aimer sa femme » (processus de type pensée appliqué à un sentiment) et une autre : « J'aime bien le théorème de Pythagore » (processus affectif appliqué à un contenu logique).

Nous désignerons toujours les fonctions par leur nom au singulier et avec une majuscule : la Pensée, la Sensation, l'Intuition, le Sentiment. Les mêmes mots au pluriel et sans majuscule renverront quant à eux au contenu de l'activité psychique.

☞ *Entraînez-vous à repérer ces différences, tant en vous-même que chez les autres.*

### *L'orientation des fonctions*

On appelle orientation d'une fonction le fait qu'elle s'exerce plutôt sur le mode extraverti ou plutôt sur le mode introverti. Dire d'une fonction qu'elle est extravertie ou introvertie, signifie qu'elle s'exerce principalement soit dans le monde extérieur, soit dans le monde intérieur. Dans le premier cas, la fonction conduira à l'action concrète sur l'environnement. Dans le deuxième cas, la fonction conduira à la réflexion et à la conception. Nous y reviendrons plus longuement dans la description du fonctionnement de la psyché.

La notion de personne « introvertie » ou « extravertie » est donc un raccourci pour indiquer que la principale fonction est introvertie ou extravertie. En réalité on ne peut parler de personne extravertie ou introvertie de façon globale, mais de fonction extravertie ou introvertie. Si vous hésitez encore pour savoir si vous êtes extraverti ou introverti, demandez-vous plutôt quelles fonctions sont extraverties et quelles fonctions sont introverties.

Nous avons deux fonctions extraverties et deux fonctions introverties. Le principe des polarités joue ici ; les deux pôles d'une même dimension sont de signe opposé (E/I). Si la Sensation est introvertie, l'Intuition est extravertie ; si la Pensée est extravertie, le Sentiment est introverti. On note en général l'orientation d'une fonction en indice. Soit dans cet exemple : $\mathbf{S}_i$, $\mathbf{N}_e$, $\mathbf{T}_e$, $\mathbf{F}_i$.

### *La hiérarchie des fonctions*

Si les quatre fonctions sont toutes à notre disposition, elles ne jouent pas le même rôle à l'intérieur de la psyché. Nous savons déjà que deux d'entre elles sont préférées aux deux autres. Il nous faut aller au-delà : les quatre fonctions s'organisent selon le schéma général suivant :

— fonction dominante
— fonction auxiliaire
— fonction tertiaire, ou deuxième auxiliaire
— fonction inférieure

Chacune des quatre fonctions (S, N, T, F) peut occuper chacune de ces quatre positions, avec une orientation extravertie ou introvertie. Chaque type se caractérise par une combinaison spécifique.

La fonction dominante et la fonction auxiliaire sont liées au champ conscient de la personne ; ce sont elles qui apparaissent dans le sigle du type (les deux lettres du milieu). La fonction tertiaire et la fonction inférieure sont liées à l'inconscient de la personne ; elles sont le pôle opposé de la fonction dominante et de la fonction auxiliaire et n'apparaissent pas dans la formule du type. Elles n'en ont pas moins une influence très forte sur le comportement ; on peut même pousser le paradoxe jusqu'à dire que le plus important dans le MBTI est ce qui n'apparaît pas dans la formule du type ! Ainsi en est-il de l'arbre dont la ramure croît en proportion des racines.

Nous reviendrons plus en détail sur ces différents points ; pour l'instant, nous mettons en place les éléments. Et pour les résumer, voici un graphique, inspiré de Jung et de ses commentateurs, que nous utiliserons souvent par la suite.

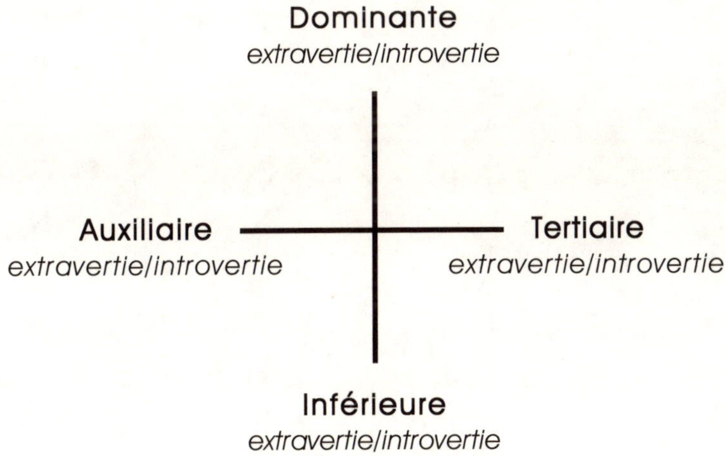

### *Détermination de l'ordre des fonctions*

L'ordre des fonctions pour chaque type répond à une règle précise : « L'index J/P désigne celle des fonctions préférées qui est utilisée dans le monde extérieur. Cette fonction est la dominante pour les extravertis, et l'auxiliaire pour les introvertis, puisque la fonction dominante est extravertie chez les extravertis et introvertie chez les introvertis ».

L'application[1] de cette règle est transcrite dans la table ci-après où pour chaque type figurent dans l'ordre, par leurs initiales, les quatre fonctions. Si l'on prend par exemple la première case, celle de l'ISTJ, on la lira comme suit :

— $S_i$ : Sensation introvertie, fonction dominante
— $T_e$ : Pensée extravertie, fonction auxiliaire
— $F_i$ : Sentiment introverti, fonction tertiaire
— $N_e$ : Intuition extravertie, fonction inférieure

| | | | |
|---|---|---|---|
| **ISTJ**<br>$\mathbf{S_i}$<br>$T_e$<br>$F_i$<br>$N_e$ | **ISFJ**<br>$\mathbf{S_i}$<br>$F_e$<br>$T_i$<br>$N_e$ | **INFJ**<br>$\mathbf{N_i}$<br>$F_e$<br>$T_i$<br>$S_e$ | **INTJ**<br>$\mathbf{N_i}$<br>$T_e$<br>$F_i$<br>$S_e$ |
| **ISTP**<br>$\mathbf{T_i}$<br>$S_e$<br>$N_i$<br>$F_e$ | **ISFP**<br>$\mathbf{F_i}$<br>$S_e$<br>$N_i$<br>$T_e$ | **INFP**<br>$\mathbf{F_i}$<br>$N_e$<br>$S_i$<br>$T_e$ | **INTP**<br>$\mathbf{T_i}$<br>$N_e$<br>$S_i$<br>$F_e$ |
| **ESTP**<br>$\mathbf{S_e}$<br>$T_i$<br>$F_e$<br>$N_i$ | **ESFP**<br>$\mathbf{S_e}$<br>$F_i$<br>$T_e$<br>$N_i$ | **ENFP**<br>$\mathbf{N_e}$<br>$F_i$<br>$T_e$<br>$S_i$ | **ENTP**<br>$\mathbf{N_e}$<br>$T_i$<br>$F_e$<br>$S_i$ |
| **ESTJ**<br>$\mathbf{T_e}$<br>$S_i$<br>$N_e$<br>$F_i$ | **ESFJ**<br>$\mathbf{F_e}$<br>$S_i$<br>$N_e$<br>$T_i$ | **ENFJ**<br>$\mathbf{F_e}$<br>$N_i$<br>$S_e$<br>$T_i$ | **ENTJ**<br>$\mathbf{T_e}$<br>$N_i$<br>$S_e$<br>$F_i$ |

1. Pour le détail de la démarche, voir les ouvrages de référence dans la bibliographie.

Bien entendu nous pouvons pour chacun de ces types établir la croix des fonctions qui lui correspond. Si nous gardons l'exemple de l'ISTJ, nous obtiendrons donc :

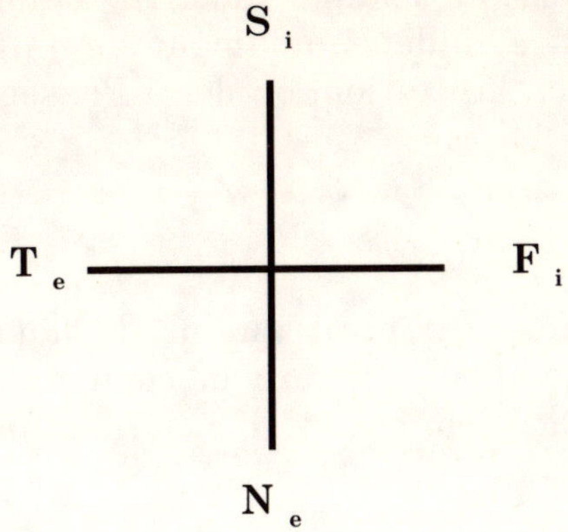


*☞ Vous pouvez à présent compléter le point 3 de l'exercice n° 8. Vérifiez votre résultat avec la croix des fonctions qui figure en tête de chaque portrait type.*

## Description de la dynamique des fonctions

Décrivons à présent la dynamique des fonctions dont nous venons d'indiquer les principes fondamentaux. Nous donnerons les caractéristiques de chaque fonction, dominante, auxiliaire, tertiaire, inférieure, indépendamment du fait qu'il s'agisse de la Sensation, ou de l'Intuition, ou de la Pensée ou du Sentiment.

### *La fonction dominante*

Elle est la fonction pivot autour de laquelle s'organise la pensée consciente. Isabel Myers la compare au général d'une armée. Elle est la première et cela se manifeste de différentes manières.

**Primauté de la dominante**

Dans l'ordre d'utilisation, elle est celle à laquelle nous faisons appel le plus souvent, le plus immédiatement. Face à un événement, elle est le premier réflexe. Les réactions d'une personne à l'autre vont donc être très différentes selon la nature de leur fonction dominante.

*Face par exemple à une solution nouvelle d'un problème difficile, quelques réactions type :*

*— le S : « Est-ce faisable ? » ; « Combien cela coûte-t-il ? »*

*— le N : « Voilà qui est original ! » ; « J'ai une autre idée. »*

*— le T : « Quel est le rapport gain/investissement ? » ; « Quel a été le critère de choix ? »*

*— le F : « Est-ce cohérent avec nos valeurs ? » ; « A-t-on consulté les intéressés ? »*

La fonction dominante est également la première en termes d'habileté. Certes le MBTI ne mesure pas la qualité d'une fonction. La fonction dominante n'est pas en soi meilleure que les autres. Mais le fait de l'utiliser par préférence entraîne souvent une plus grande maîtrise et en tout cas une plus grande confiance en soi en ce domaine. Votre bras préféré est plus musclé que l'autre ; le bracelet de votre montre mise à l'autre poignet se révèle ou trop grand ou trop petit. Il en va de même pour votre fonction dominante.

Cela ne veut pas dire pour autant qu'elle sera toujours performante. De même que l'on peut avoir une écriture illisible bien qu'écrivant avec sa main favorite, de même la fonction dominante peut être « de mauvaise qualité ». Les intuitions de l'intuitif peuvent être fausses, les sensations du sensoriel erronées, les raisonnements du logique faux et les valeurs de l'affectif dévoyées. Encore une fois nous parlons du processus, du mode de faire, et non des contenus de la psyché, des résultats des processus mentaux.

La fonction dominante est le centre du champ de conscience, l'organisatrice du « moi ». Elle est celle par laquelle nous nous définissons, celle à laquelle nous nous identifions. Lorsque nous disons « moi, je suis comme ça », c'est en général à la fonction dominante que nous nous référons – ou plus globalement à nos polarités préférées. Que la fonction dominante occupe cette place ne veut pas dire pour autant que nous soyons toujours conscients du rôle qu'elle joue. Nos lunettes sont probablement l'objet le plus difficile à voir, puisque c'est à travers elles que nous voyons. De même il peut nous être difficile de reconnaître que notre fonction dominante n'est qu'une manière de voir les choses, tant elle nous empêche de voir le pôle opposé pour ce qu'il est.

### Orientation de la dominante

La fonction dominante est extravertie pour les personnes dont la préférence va vers l'extraversion et introvertie pour les personnes dont la préférence va vers l'introversion. En d'autres termes, on appelle extraverties les personnes dont la fonction dominante est extravertie et introverties les personnes dont la fonction dominante est introvertie.

Caractéristique de chacune des fonctions selon qu'elle est extravertie ou introvertie :

| | E | I |
|---|---|---|
| S | ouvert à l'environnement<br>prend maximum d'informations<br>pas de tri préalable<br>plaisir dans la sensation | tri des informations<br>classification rapide<br>disponibilité des informations pour utilisation ultérieure |
| N | attiré par les possibilités extérieures<br>prêt à tout essayer<br>fait part de ses idées même embryonnaires | approche conceptuelle<br>cherche quintessence<br>recherche liens<br>élabore des modèles<br>ne partage qu'idées réfléchies |
| T | exprime critique<br>cherche cohérence des idées dans le monde extérieur<br>agit en fonction de ses conclusions | cohérence interne<br>aime « agiter » des idées<br>peu intéressé par la mise en pratique |
| F | harmonie avec et dans le monde<br>communique volontiers ses valeurs et ses sentiments | harmonie intérieure<br>paix avec soi<br>exprime peu ses valeurs |

Les caractéristiques données dans ce tableau conviennent aux différentes fonctions aussi bien lorsqu'elles sont en position de fonction dominante, ce que nous venons de voir, que de fonction auxiliaire, ce que nous allons aborder.

### *La fonction auxiliaire*

#### Contrepoids de la dominante

Si la dominante est le général, l'auxiliaire est son aide de camp. Elle lui sert en effet d'assistant, elle l'équilibre de deux manières.

Elle l'équilibre d'abord en termes de fonctions de jugement et de fonctions de perception. Si la dominante est une fonction de perception (Sensation ou Intuition), l'auxiliaire est une fonction de jugement (Pensée ou Sentiment) ; et en sens inverse, si la dominante est une fonction de jugement, l'auxiliaire est une fonction de perception. Nous avons en effet besoin des deux dimensions pour fonctionner. Même si nous préférons l'une à l'autre, il nous est nécessaire d'utiliser les deux. Dominante et auxiliaire sont donc complémentaires et indispensables à notre bon fonctionnement.

Elle l'équilibre aussi en termes d'extraversion et d'introversion. Si la dominante est extravertie, l'auxiliaire est introvertie ; si la dominante est introvertie, l'auxiliaire est extravertie. On retrouve ici la loi des polarités, la tension nécessaire entre deux pôles opposés. Pratiquement, il serait impossible de vivre uniquement dans l'Introversion ou dans l'Extraversion. Si vous avez eu au chapitre 1 des hésitations pour déterminer si vous étiez extraverti ou introverti, voyez si cela n'est pas dû à la différence d'orientation entre la dominante et l'auxiliaire : quels sont les domaines dans lesquels vous êtes plutôt extraverti, ceux dans lesquels vous êtes plutôt introverti ?

#### Différence entre extravertis et introvertis

La différence d'orientation entre fonction dominante et fonction auxiliaire chez les extravertis et les introvertis se traduit sur deux points.

Tout d'abord en ce qui concerne la visibilité de la fonction dominante. Les extravertis utilisent dans le monde extérieur leur fonction dominante ; c'est donc leur aspect le plus performant qui est immédiatement repéré par ceux qui les rencontrent. A l'opposé les introvertis réservent leur fonction dominante pour leur attitude préférée, l'introversion, et utilisent donc dans le monde extérieur leur fonction auxiliaire, relativement moins développée ou différenciée. Cela explique qu'un extraverti est relativement plus facile à connaître qu'un introverti dont l'aspect de la personnalité le plus riche, celui correspondant à la fonction dominante, ne sera perceptible que plus tard.

*Un exemple : André, de type intuitif dominant avec une préférence marquée pour l'introversion est souvent pris pour un extraverti dans les groupes de développement personnel. Pourquoi ? Parce que sa fonction auxiliaire étant le sentiment extraverti, dans le contexte par lui-même chaleureux d'un groupe de développement, il exprimera facilement ses sentiments. En revanche, bien que créatif, il lancera peu d'idées lors d'une réunion de brainstorming. C'est que son imagination (Intuition), pourtant dominante, s'exprime bien plus volontiers dans le calme de son bureau qu'au milieu d'un groupe. Dans les deux cas, le premier contact aura été « trompeur ».*

La deuxième différence est que les introvertis développent en général plus rapidement leur auxiliaire que les extravertis. La pression d'adaptation est en effet plus grande pour des introvertis qui doivent faire face, bon gré mal gré, au monde extérieur, que pour des extravertis qui peuvent plus facilement, ou plus longtemps, éviter de regarder leur monde intérieur. C'est ce qu'on pourrait appeler l'avantage du handicap ! C'est ainsi qu'en général les gauchers utilisent souvent mieux leur main droite que les droitiers leur main gauche.

### *La fonction tertiaire*

**Nature**

La fonction tertiaire n'apparaît pas dans le sigle du type. Elle est une fonction plus inconsciente que les deux précédentes et fait partie de la zone de la personnalité que Jung nomme souvent « l'ombre ».

Elle est le pôle opposé de la fonction auxiliaire sur la même dimension. Si par exemple, l'auxiliaire est l'Intuition, la tertiaire sera la Sensation ; si l'auxiliaire est la Pensée, la tertiaire sera le Sentiment.

La tertiaire équilibre l'auxiliaire en termes d'Introversion et d'Extraversion. Si l'une est extravertie, l'autre est introvertie et vice-versa.

**Rôle et manifestations**

La fonction tertiaire est sans doute la moins connue des fonctions, car elle est la plus difficile à cerner. Selon son degré de développement, elle semble pouvoir se situer de deux manières différentes :

— Si elle est relativement peu développée, ses manifestations se rapprochent beaucoup de celles de l'inférieure. Le tableau des manifestations de chacune des fonctions (dans la section suivante) en position inférieure peut en ce cas s'appliquer également à la tertiaire.

— Si elle est bien développée, elle peut être utilisée comme un deuxième auxiliaire. On peut alors considérer que nous avons deux auxiliaires à disposition, un auxiliaire extraverti que nous utilisons dans nos rapports avec le monde, avec le collectif, un auxiliaire introverti que nous utilisons dans notre vie personnelle et qui a trait à la motivation individuelle[1]. Dans la croix des fonctions que nous avons dessinée, l'axe vertical reste stable, mais l'axe horizontal peut pivoter en fonction de nos besoins. Nous utilisons par préférence l'un ou l'autre côté, l'une ou l'autre fonction, selon que nous traitons une question d'ordre plutôt externe ou plutôt interne.

1. Nous devons cette observation à Monique Gentil, auteur de *L'être et l'écriture dans la psychologie jungienne.*

## *La fonction inférieure* [1]

La fonction inférieure est sans doute la plus « fascinante » des fonctions, car elle est directement liée à notre inconscient. Elle présente comme celui-ci un double aspect, négatif et positif. Négatif, car elle est le terrain privilégié de nos erreurs et de nos faiblesses ; positif, car elle est le lieu de l'inspiration et du renouveau. A ce double titre, elle est le siège de déterminants majeurs du comportement, bien qu'ils soient pour l'essentiel inconscients, — ou justement à cause de cela même.

> ☞ *L'exercice n°9, page 98, est consacré à la fonction inférieure. Vous pouvez le faire avant de lire cet exposé, si vous préférez faire les découvertes par vous-même. Vous pouvez aussi lire d'abord puis faire ensuite l'exercice, si vous préférez disposer d'une grille d'analyse pour comprendre votre fonctionnement. A chacun sa méthode !*

La fonction inférieure occupe le pôle opposé de la fonction dominante sur la même dimension ; elle est complémentaire en ce qui concerne l'attitude d'extraversion ou d'introversion. Si la dominante est par exemple l'Intuition introvertie, l'inférieure sera la Sensation extravertie ; si la dominante est le Sentiment extraverti, l'inférieure sera la Pensée introvertie.

### La fonction inférieure, fonction difficile

C'est l'aspect de la fonction inférieure qui apparaît le premier : la fonction inférieure est le terrain d'action privilégié de nos faiblesses. Cela peut se présenter de différentes manières.

#### *Lenteur*

La fonction inférieure est lente ; les actions faites sous son emprise prennent plus de temps que la normale. « Lambinage », excès de méticulosité, pertes de temps, incapacité de se dépêcher, augmentation des erreurs dès que l'on se hâte, sont des aspects de ce côté escargot de la fonction inférieure.

---

1. Cette section s'inspire en particulier de l'article de M.L von Franz « The inferior function » et de Naomi Quenck « Beside Ourselves », ainsi que de ses articles et séminaires.

*Ainsi André, intuitif dominant est-il capable d'assimiler en un temps très court le contenu d'un livre épais ; son Intuition lui permet en effet d'aller rapidement à l'essentiel et de déceler les relations pertinentes entre les thèmes du livre et ce qu'il sait déjà. En revanche, l'établissement de sa comptabilité fait son désespoir ; il y passe deux fois plus de temps, pour un résultat inférieur, que ce qu'y consacre Daniel, sensoriel dominant. En revanche, les rapports de celui-ci sont souvent trop longs et il est difficile d'y distinguer les idées principales.*

### *Répétitivité des erreurs*

Si cent fois du métier vous laissez tomber la même navette, vous pouvez être presque sûr que vous êtes dans le domaine de la fonction inférieure. Les ornières dans lesquelles on s'enlise avec entrain, les « encore ! et pourtant j'avais fait attention », sont des signes qui ne trompent pas.

*Le même André bricole volontiers. Son Intuition y trouve volontiers une manière de s'exprimer surtout s'il s'agit de faire plaisir à ses proches (Sentiment extraverti en fonction auxiliaire). Mais la Sensation en fonction inférieure se traduit régulièrement par des erreurs de mesure. Conscient de cette faiblesse, André, au moment où il va tailler la planche finale d'un petit ensemble de rangement, redouble de précautions, prend deux fois les mesures ; confiant dans la sagesse dont il a fait preuve, il scie la planche avec entrain, pour s'apercevoir au moment de l'ajuster... qu'il y manque 5 cm.*

### *Susceptibilité*

Toucher à la zone de la fonction inférieure suscite le plus souvent des réactions fortes. C'est qu'il est pénible de s'entendre critiqué dans des domaines où l'on sait que tout à la fois la critique est justifiée et l'amélioration difficile. Cela revient à remuer le fer dans la plaie. La plus légère remarque entraîne des résistances hors de proportion avec la cause, du moins pour celui qui voit les choses de l'extérieur ; car celui qui vit ces mouvements d'humeur les estime sur le moment parfaitement justifiés. C'est qu'ils répondent non pas à la critique momentanée, limitée, qui vient d'être émise, mais à la longue suite des erreurs, des faiblesses expérimentées dans ce domaine.

En ce qui concerne la fonction inférieure, il n'existe que des gouttes d'eau qui font déborder les vases ! Et la colère alors ne s'adresse pas réellement à celui qui vient de verser la dernière goutte, même s'il en est le support apparent ; elle concerne le vase lui-même, toujours plein et toujours prêt à déborder.

### *A contretemps*

La fonction inférieure réagit souvent hors de propos, à contre-temps.

Elle a un talent certain pour faire défaut au moment où on en a le plus besoin. La personne ainsi victime de sa fonction inférieure ressemble au lapin devant les phares d'une voiture qui s'arrête, hypnotisé, sans pouvoir effectuer le mouvement simple qui lui éviterait de se faire écraser. C'est la Pensée logique en inférieure qui se met en congé dans la tête de l'étudiant auquel l'examinateur pose une question ; il savait avant, il saura après... il ne sait plus pendant. C'est le Sentiment en inférieur qui laisse désemparé et sans voix au moment où il faut présenter des condoléances ou des félicitations, à un enterrement ou un mariage.

Mais elle a le même talent pour envahir le champ de la conscience en prenant la place des autres fonctions. C'est typiquement la Sensation en inférieure qui accordera une importance obsessionnelle à un détail mineur, déjà vérifié 100 fois : « Le gaz est-il bien fermé ? » Ou c'est l'Intuition en inférieure qui envisagera toutes les catastrophes possibles et imaginables, jusqu'au ciel qui peut nous tomber sur la tête, en empêchant les autres fonctions d'accomplir leur travail. Ce peut être aussi la « gaffe », la phrase dont on sait qu'il ne faut pas la dire et qui sort d'elle-même, le fou-rire à l'enterrement, etc.

### *Le masque de conventions*

En raison de ces insuffisances et de ces excès et pour leur servir de palliatifs, la fonction inférieure avance souvent masquée derrière des clichés, des stéréotypes, des préjugés, des conformismes sociaux.

Telle personne dont la fonction inférieure est le Sentiment[1] pourra ainsi avoir dans son tiroir des lettres type qui lui éviteront la torture de se demander à chaque fois ce qu'il faut dire ; telle autre dont la Pensée est inférieure se confectionnera un petit dictionnaire de citations et de remarques banales qu'elle placera au moment opportun ; l'Intuitif dont la Sensation est la fonction inférieure se fera des check lists et des procédures standard pour s'obliger à tenir compte des détails concrets qu'il oublie toujours ; et le Factuel trahi par son Intuition ira glaner dans son journal favori quelques généralisations qui pourront lui tenir lieu des vues globales et créatives qui lui font défaut pour briller en société. Il sera ainsi parfois difficile de faire la distinction entre un comportement issu de la fonction dominante et le même comportement apparent servant de masque à la fonction inférieure.

### *Contamination de la dominante*

La fonction inférieure peut venir perturber le fonctionnement de la dominante. Ceci peut se produire de deux manières très différentes.

La plus visible est l'éruption brutale de la fonction affective dans le domaine habituel de la fonction dominante. La fonction inférieure qui n'a pas pu s'exprimer explose telle une cocotte minute sans sifflet.

*François est un directeur financier influent, dont l'expertise et l'autorité reconnues correspondent bien à son type tel qu'il ressort du questionnaire, ENTJ. La Pensée logique inspire couramment ses actions ; les conséquences en sont soigneusement pesées à l'avance ; les plans qu'il élabore sont mûrement réfléchis. Or, contrairement à toutes les observations, François est convaincu d'être*

1. Exemple donné par Marie Louise von Franz.

*un grand affectif : « La preuve, dit-il, je fonctionne sur des coups de cœur ou des coups de gueule ». Qu'il s'agisse de « coups » indique bien qu'en réalité il s'agit d'irruptions du Sentiment en fonction inférieure.*

La fonction inférieure peut aussi contaminer la fonction dominante de façon plus insidieuse. La « post-rationalisation » en est un bon exemple ; ainsi d'une personne de type Pensée dominante cherchant à justifier une décision qu'elle a prise en fait sur la base d'un critère affectif non reconnu pour tel. Les arguments logiques s'empilent d'autant plus qu'ils n'ont pas de lien avec la véritable raison qui a fait prendre la décision. Ou bien l'Intuition en fonction inférieure risque, en faisant imaginer toutes les catastrophes qui peuvent arriver, de transformer le bon contrôle du factuel sur l'argent en obsession d'économie ou de prévoyance.

*Etouffement de l'inférieure par la dominante*

Lorsque la fonction inférieure veut se manifester de façon indépendante, elle peut être reprise en mains par la fonction dominante qui la détourne de son but initial. Ainsi en est-il de l'intuitif qui se met à la poterie pour découvrir sa Sensation et écrit rapidement un traité sur les bienfaits du travail manuel au lieu de continuer à tourner l'argile.

*Il y a quelques années, un hebdomadaire avait publié une caricature qui évoque irrésistiblement cette histoire. Sur le premier dessin, on voyait un chef d'entreprise dans son bureau, avec pour paysage s'inscrivant derrière lui une monotone succession de toits d'usine. Le deuxième dessin le représentait à l'hôpital, victime d'un infarctus ou de quelque autre maladie due au stress. Dans le troisième notre héros mis au repos et obligé de changer de rythme, bêchait tranquillement son jardin. Dans le quatrième, assis à son nouveau bureau de PDG il recommençait à téléphoner frénétiquement tout en dictant son courrier ; par la baie vitrée, on pouvait voir de monotones rangées de salades s'étirer à l'infini.*

### Extraversion, introversion et fonction inférieure

Les quatre fonctions, S, N, T, F, lorsqu'elles sont en position inférieure se manifestent différemment selon qu'elles sont extraverties ou introverties. Le tableau ci-après, que chacun pourra développer en fonction de ses propres observations, en donne quelques exemples. On notera que la fonction inférieure, de façon générale, peut se manifester de manière tout à fait contradictoire, par excès ou par défaut. Et on notera aussi que ces observations n'ont qu'une valeur indicative ; il n'est pas interdit à un extraverti d'avoir des manifestations qui sont habituellement plutôt celles d'un introverti !

| | E | I |
|---|---|---|
| **S** | manque de rigueur dans les faits<br>débordements sensuels<br>gestion difficile de l'argent<br>négligence des détails matériels<br>importance excessive à certains détails | mauvaise conscience corporelle<br>régime alimentaire chaotique : anorexie/boulimie<br>tendance au retrait, à la dépression<br>obsessions |
| **N** | impulsivité<br>« catastrophisme », crainte d'événements négatifs dans l'environnement<br>difficulté à prévoir<br>résistance à la nouveauté | confusion intérieure, manque de confiance, crainte de l'erreur<br>erreurs d'interprétation et de compréhension<br>visions délirantes, croyances magiques<br>images négatives |
| **T** | critiques agressives<br>actions précipitées, emballements<br>volonté d'avoir raison à tout prix<br>difficultés à structurer une démarche<br>noyade dans les détails<br>monomanie intellectuelle | autocritique<br>recherche compulsive de la vérité<br>manque de logique<br>difficulté à se faire comprendre<br>mauvaise hiérarchie des priorités<br>séduction et irritation vis-à-vis des personnes logiques |
| **F** | hypersensibilité relationnelle<br>émotivité incontrôlée et éruptive<br>étalage de sentiments<br>difficulté à supporter la proximité relationnelle,<br>la demande affective<br>jugements en noir et blanc | hypersensibilité aux états internes<br>peur des sentiments, gêne devant ceux des autres, grande réserve<br>éruptions émotionnelles, excès dans les sentiments<br>valeurs infantiles, fanatisme |

**Les déclencheurs de la fonction inférieure**

Si la fonction inférieure peut être à l'œuvre en n'importe quelles circonstances, certaines conditions suscitent plus particulièrement ses manifestations. Ce sont notamment :

- la fatigue, l'excès de stress, la maladie,
- l'abus de substances toxiques (alcool, drogue),
- les réactions non conformes à nos attentes de personnes proches,
- les critiques imméritées,
- l'impossibilité de faire face à la situation, les obligations sans échappatoire.

**La voi(x)(e) de l'inconscient**

La fonction inférieure est :

- la voix de l'inconscient, parce qu'elle est un de ses lieux d'expression privilégiés,
- la voie de l'inconscient, parce qu'elle est l'un des chemins permettant de l'explorer.

Pour autant, la fonction inférieure n'est pas assimilable à l'inconscient. Elle se manifeste selon des modalités repérables et dans des domaines relativement prévisibles selon les types ; mais le contenu lui-même est fourni par l'inconscient, en fonction de l'histoire de l'individu. Rappelons que les fonctions sont des modes opératoires, des processus, non des contenus de la psyché. L'analyse des contenus relève d'une autre approche (libre association, analyse des rêves, rêve éveillé), au demeurant parfaitement complémentaire.

Les liens entre l'inconscient et la fonction inférieure se manifestent de plusieurs manières.

D'abord, la fonction inférieure est le lieu privilégié des projections, c'est-à-dire des sentiments, affects, pensées qui sont en nous et que nous attribuons aux autres. Le plus souvent, cela se manifeste dans les rapports d'inférieure à dominante. C'est ainsi que nous jugeons à notre aune les personnes qui ont comme fonction dominante notre fonction inférieure. Notre connaissance d'une fonction quand elle est chez nous en position inférieure est celle d'une fonction limitée, à caractère négatif. Il nous est difficile d'imaginer que chez un autre, cette même fonction peut être riche, variée, hautement positive. Le raisonnement implicite que nous nous tenons souvent est alors : « S'ils ont beaucoup de ce qui (pour nous) est faible et limité, alors cela veut dire qu'ils sont très faibles et très limités ». Et comme la même personne a en fonction inférieure ce qui pour nous est notre force mais pour elle sa faiblesse, c'est donc que cette personne n'a vraiment rien pour elle !

La projection peut aussi avoir lieu entre deux personnes qui ont la même fonction inférieure. Le mécanisme est en ce cas différent. Ce qui peut provoquer mon irritation, c'est de voir visiblement chez l'autre les réactions négatives que je m'efforce de ne pas trop voir chez moi.

> *Anne et Renée participent à une réunion. Toutes deux sont des « T » dominant, ayant donc le Sentiment en fonction inférieure. Anne s'exprime à plusieurs reprises avec agressivité, en se moquant des participants qui ont des « états d'âme ». Renée, tout en manifestant une grande rigueur intellectuelle, cherche en revanche à comprendre la position de ceux qui ne partagent pas son point de vue et s'exprime avec nuances. A la sortie, c'est Renée qui se montre la plus irritée par le comportement d'Anne, car dit-elle, « J'ai vu ce que je serais capable de faire si je ne faisais pas attention ».*

Ensuite, la fonction inférieure est connotée d'un fort dynamisme émotionnel, qui lui vient de l'inconscient. Les caractéristiques que nous avons vues précédemment, susceptibilité, caractère éruptif, sont aussi le signe d'une intense vitalité. Les manifestations de la fonction inférieure sont souvent anarchiques, incontrôlées et peu contrôlables, marquées d'une violente affectivité. Elles traduisent l'énergie brute de l'inconscient. S'il est nécessaire de ne pas se laisser emporter sans retenue par cette énergie, il est tout aussi important de ne pas l'étouffer, car en ce cas il n'y a que deux solutions possibles : l'arrêt de l'élan vital ou l'explosion à terme.

Autre lien avec l'inconscient, la fonction inférieure correspond à « l'animus », c'est-à-dire à la composante masculine chez la femme, ou à « l'anima » c'est-à-dire à la composante féminine chez l'homme. L'animus et l'anima organisent tout ce qui met en cause l'identité sexuelle du sujet. Ils sont dans la psyché des complexes autonomes, des « cristallisations » d'expériences, de pensées, de sentiments qui exercent une influence sur le comportement de la personne. Ils peuvent avoir un aspect positif ;

mais dans la mesure où ils demeurent inconscients, ils se manifestent surtout sous un aspect négatif. L'animus se traduit alors par des opinions tranchées, des affirmations péremptoires, une agressivité non canalisée ; l'anima par des sentiments désordonnés de colère, de peur, d'abandon. Lorsque animus et anima surgissent, ils prennent en quelque sorte la voie de moindre résistance, celle de la fonction inférieure dont ils renforcent alors les caractéristiques. Les incompréhensions et projections qui prennent place entre un homme et une femme par le biais de l'animus et de l'anima sont évidemment les plus fortes ; c'est le principe même de la querelle de ménage où l'animus de la femme et l'anima de l'homme se prennent à partie avec une violence qui surprend tant les spectateurs que les protagonistes eux-mêmes. Ils sont en fait, littéralement « possédés » par leurs démons intérieurs.

Enfin, les objets de la fonction inférieure sont à lire de manière symbolique. Les thèmes sur lesquels porte la fonction inférieure, ses contenus, sont importants non seulement pour ce qu'ils signifient directement, mais aussi et peut-être surtout pour ce qu'ils évoquent. Ils racontent l'histoire de la personne à un autre niveau que celui de sa réalité consciente, celui de sa réalité inconsciente. Et ils réveillent les échos des archétypes que l'humanité a en commun. Mais ceci va plus loin que le propos du présent ouvrage.

## EXERCICE N° 8

# LA DYNAMIQUE DES FONCTIONS

**1) Je considère que mon type est** (4 lettres, indiquant les préférences sur chacune des dimensions) :

**2) En conséquence :**
(cercler la lettre qui convient)

**- mes attitudes préférées sont :** { **E ou I** / **J ou P**

**- mes fonctions préférées sont :** { **S ou N** / **T ou F**

**3) La croix des fonctions de mon type est :**
(ajouter sous chaque fonction ce qu'elle est pour vous en utilisant les initiales conventionnelles)

**Dominante**

**Auxiliaire** — **Tertiaire**

**Inférieure**

**4) Vérifier avec la croix des fonctions qui figure en tête de chaque portrait.**

## EXERCICE N° 9

# MES FONCTIONS DE L'OMBRE

**Les manifestations de mes faiblesses**

Quelles sont mes erreurs répétitives ?

En quels domaines suis-je particulièrement susceptible, colérique ?

Dans quels domaines suis-je gauche, lent, à contre-temps ?

Quel est mon point faible avec le sexe opposé ?

**Mon réservoir de possibilités**

Quels sont les domaines où j'ai des possibilités non exploitées ?

Que ferais-je si j'en étais capable – alors que je crois ne pas l'être ?

Quels sont les personnes qui me fascinent ?

Et quelles sont celles qui m'irritent ?

## Ma fonction tertiaire

Comment se manifeste-t-elle ?

En l'état actuel, est-elle pour moi plutôt une aide ou plutôt une gêne ?

Quels facteurs me poussent à l'utiliser davantage que je ne le fais maintenant ?

Qu'est-ce qui pourrait m'inciter à l'utiliser davantage ?

Quelles sont les personnes chez qui ma fonction tertiaire est bien développée et qui pourraient me servir de modèles ? Que font-elles que je ne fais pas ?

Quels sont les points sur lesquels j'aimerais développer ma tertiaire ?

Puis-je pour cela, et comment, m'appuyer sur ma fonction auxiliaire ?

## Ma fonction inférieure

Quelles faiblesses correspondent à ma fonction inférieure ?

Quelles sont les autres manières dont se manifeste ma fonction inférieure ?

Quel effet me procurent les personnes chez qui ma fonction inférieure est la fonction dominante ?

## De la tertiaire à l'inférieure

La vie sociale/professionnelle me pousse-t-elle à utiliser davantage qu'actuellement ma fonction inférieure ?

Qu'est-ce qui pourrait m'inciter à utiliser davantage ma fonction inférieure ?

Quelles sont les personnes chez qui cette fonction est bien développée et qui pourraient me servir de modèles ? Que font-elles que je ne fais pas ?

Quels sont les points sur lesquels j'aimerais développer ma fonction inférieure ?

Puis-je pour cela, et comment, m'appuyer sur ma fonction tertiaire ?

Que suis-je prêt à sacrifier de certains aspects de ma fonction dominante ?

Chapitre 4.

# TRACER SON CHEMIN

Connaître son type n'est pas une excuse pour rester tel que l'on est ; c'est bien au contraire une invitation à en développer toutes les potentialités. Si la pomme ne devient pin, elle n'est bonne qu'à allumer le feu.

Le voyage auquel nous sommes conviés a deux dimensions :

— il se déroule dans le temps ; nous verrons ainsi l'activation des fonctions à travers les âges de la vie ;

— il consiste à actualiser, rendre opérationnelle chacune des fonctions pour devenir une unité autonome ; nous décrirons alors le processus d'individuation.

## Dynamique des fonctions et âges de la vie

Nous venons d'analyser les modes d'organisation des fonctions dans la psyché de chacun de nous. Nous pouvons transposer cette analyse sur le mode chronologique et examiner de cette perspective les cycles d'évolution de l'homme[1]. La croix des fonctions que nous avons présentée à un instant donné peut se dérouler dans le temps et devenir un chemin d'évolution.

1. Ce passage du synchronique au diachronique a été particulièrement explicité par Harold Grant dans *From Image to Likeness* (cf. bibliographie). Nous nous en inspirons.

☞ *L'exercice n° 10, page 135, vous permet de travailler pour vous-même le cycle d'activation de vos fonctions. Selon votre préférence, vous pouvez faire l'exercice avant ou après avoir lu l'exposé qui suit.*

## *Principe de l'activation des fonctions dans le temps*

Le principe de base est simple : l'ordre des fonctions dans la psyché correspond à leur ordre d'activation dans le temps. Il s'agit d'activation et non d'apparition : les quatre fonctions existent à tout moment et sont toujours disponibles, de façon certes plus ou moins consciente, plus ou moins efficace. Mais il semble bien que chacune à tour de rôle connaisse une phase de plus grande activité, vienne en quelque sorte sur le devant de la scène pour imprégner notre comportement, se faire reconnaître, se développer et prendre une place plus consciente dans notre développement.

Ce principe recouvre deux éléments :

— l'ordre d'activation correspond à la croix des fonctions. On verra donc tour à tour se développer la fonction dominante, la fonction auxiliaire, la fonction tertiaire et enfin la fonction inférieure ; les fonctions S, N, T, F seront donc activées pour chaque individu dans l'ordre correspondant à celui de la dynamique des fonctions du type.

— ces fonctions se développent avec l'orientation (extraversion ou introversion) qui leur est propre dans chacun des types. Les phases d'extraversion et d'introversion se succéderont donc selon une séquence de type E/I/E/I ou I/E/I/E ; la première de ces séquences correspond à une personne ayant une fonction dominante extravertie, que nous appelons de façon résumée « un extraverti », la deuxième à une personne ayant une fonction dominante introvertie, « un introverti ». Ceci rend compte du fait que nous avons tous pu observer au cours de notre vie des phases d'extraversion et des phases d'introversion. Elles correspondent normalement à l'activation d'une fonction orientée différemment de la précédente.

Cette alternance d'extraversion et d'introversion facilite ainsi l'activation successive des fonctions de Perception et de Jugement.

Le principe de l'activation des fonctions dans le temps, comme d'ailleurs celui de la dynamique des fonctions, doivent être pris comme des modèles explicatifs et non comme des lois physiques ne souffrant pas d'exception. Ils indiquent le mode habituel de développement, celui qui semble correspondre le plus aisément au fonctionnement de la psyché ; mais des écarts se produisent, que le modèle permet justement de mieux comprendre. La notion de type est à cet égard très proche de celle d'« attracteur étrange » que l'on trouve dans la théorie du chaos. On constate que dans un système instable il est impossible de prédire un état particulier ; pourtant l'ensemble du système tend vers une forme globale, nommée « attracteur étrange ». Ainsi la chute des feuilles à l'automne : il est impossible de savoir à l'avance où va atterrir telle ou telle feuille. Pourtant, quand toutes les feuilles sont tombées, elles forment un tapis dont la forme se retrouve d'une année sur l'autre et qui est différent de l'arbre voisin. Ainsi de notre type : nous ne pouvons annoncer avec certitude ce que va faire une personne ou comment elle va se développer – trop de facteurs entrent en jeu. Mais nous pouvons repérer des tendances, des processus, qui nous permettent de comprendre.

## *Les principales étapes du cycle des âges de la vie*

Disons d'entrée de jeu que le modèle que nous allons présenter comporte de larges marges de variations. Il rend compte globalement de l'évolution de beaucoup d'entre nous ; il n'a aucunement pour prétention d'expliquer le détail du comportement de chacun. Cette remarque vaut particulièrement en ce qui concerne les âges indiqués : ils ne sont que la moyenne d'observations. Des écarts individuels de plusieurs années sont parfaitement « normaux », si tant est qu'il y ait des normes en ce domaine.

Le modèle comporte 6 périodes, qui sont au demeurant celles sur lesquelles s'accordent beaucoup d'observateurs et le sens commun. Ces périodes sont séparées par 4 étapes qui correspondent chacune à l'activation d'une fonction. Nous avons ainsi :

**La prime enfance**

Elle se caractérise par un stade d'indifférenciation des fonctions. Le bébé explore le monde par tous les moyens à sa disposition. L'attitude d'extraversion ou d'introversion peut être observée très tôt ; le goût du contact ou la capacité à s'occuper seul sont des indices qui peuvent se manifester dès 2/3 ans. La première fonction qui deviendra la fonction dominante peut également selon les cas être activée assez rapidement. En tout état de cause, elle apparaîtra presque certainement à la première étape de transition qui est :

**L'âge de raison**

Celui-ci est traditionnellement situé à 7 ans. Encore une fois, les chiffres ne sont qu'indicatifs. C'est alors que la fonction dominante est activée, avec l'attitude d'extraversion ou d'introversion qui lui correspond.

*Nous suivrons l'exemple de Jacques, un INFJ. Un des meilleurs souvenirs de son enfance, un des plus caractéristiques pour lui, est d'avoir lu son premier grand livre (200 pages sans illustration !) en un après-midi de vacances alors qu'il avait 8 ans. En revanche un de ses plus mauvais souvenirs est celui d'un camp de louveteaux auquel ses parents l'avaient envoyé à son corps défendant à l'âge de 9 ans. De ces deux situations ressort sans grand risque d'erreur l'Intuition introvertie en fonction dominante.*

**L'adolescence**

Donnons-lui un âge moyen de 12 à 18 ans environ. L'activation de l'auxiliaire entraîne le changement d'une attitude à l'autre (extraversion et introversion) et d'une fonction à l'autre ; notons qu'il va s'agir de passer d'une fonction de perception à une fonction de jugement ou vice versa. Le saut est donc particulièrement important. On retrouvera le même à la crise du mitan de la vie.

*Deux éléments caractérisent Jacques à cette époque : d'une part la très grande importance accordée aux valeurs religieuses, d'autre part la recherche d'une vie en groupe. Cinq ans après l'échec du camp des louveteaux, Jacques fait à sa propre initiative un camp-*

*vélo avec des amis. Ces éléments sont symptomatiques du Sentiment extraverti, qui est la fonction auxiliaire de son type.*

### L'entrée dans l'âge adulte

Elle se situe en général entre 18 et 25 ans, et coïncide souvent avec les études universitaires et/ou le début de la vie professionnelle. L'attitude (E/I) change avec l'activation de la fonction tertiaire. Le passage d'une fonction à une autre est moins drastique que dans l'étape précédente, car il s'agit d'aller d'une fonction de perception à une autre fonction de perception, ou d'une fonction de jugement à une autre fonction de jugement.

*Dans la logique de ses valeurs, Jacques était entré au couvent. Au bout de quelques années, un esprit critique se met impitoyablement en route à l'intérieur de lui et la vie conventuelle lui devient insupportable. Son système de valeurs fortement remis en cause, il quitte l'ordre dans lequel il se trouvait et commence des études universitaires nombreuses et variées. C'est bien là le travail de la Pensée introvertie, dont une des caractéristiques est le tri des priorités.*

### La « crise de la quarantaine »

Il est frappant que les mots qui désignent cette période ont souvent un caractère négatif, alors que les étapes précédentes pouvaient être désignées par des expressions neutres. C'est « le démon de midi », la « midlife crisis » en anglais. Il n'y a pas ici de hasard : la fonction qui entre en activation est la fonction inférieure. Non seulement il s'agit d'un changement d'attitude et du passage d'une fonction de jugement à une fonction de perception (ou le contraire), mais c'est surtout l'inconscient qui surgit, avec d'autant plus de force que, selon le type d'éducation reçue, il aura été plus longuement et plus sévèrement refoulé.

*Le moine et l'intellectuel qui avaient jusqu'à présent gouverné la vie de Jacques vont laisser la place entre 35 et 40 ans à un jouisseur buveur et ripailleur qui, en quelques années de débordements, rattrapera tous les retards de son éducation puritaine. La*

*Sensation extravertie est ici le moyen d'expression du refoulé. Il faudra à Jacques plusieurs années de travail et d'analyse pour commencer à prendre quelque contrôle de sa fonction inférieure.*

### La maturité et la sagesse

C'est à partir de la cinquantaine qu'elles font leur apparition, si c'est le cas. Sagesse relative au demeurant, car le travail avec la fonction inférieure n'est jamais fini. Dans l'idéal, cette période se caractérise par la capacité à utiliser la fonction la plus appropriée à la situation. L'homme mûr retrouve ainsi le caractère polymorphe du bébé, la « perversité » peut-être en moins, la sagesse éventuellement en plus !

## *Quelques caractéristiques du cycle des âges de la vie*

### Nature de l'évolution

L'évolution n'est pas un processus continu et uniforme. Elle se caractérise plutôt par des bonds, à l'occasion d'événements et/ou de prises de conscience. Elle comporte aussi des régressions, des retours par les mêmes points, ou ce qui paraît être les mêmes points.

Le processus n'est pas nécessairement, et même pas souvent, conscient. Le cycle se déroule qu'on le veuille ou non. Le subir ou en prendre conscience aboutissent cependant à des résultats différents. Il n'y a guère d'accès à une véritable intégration des fonctions sans un certain travail délibéré. Celui-ci peut prendre des formes très différentes et il n'est pas nécessaire de faire 15 ans d'analyse pour y arriver. Il s'agit surtout de ne pas contrecarrer un processus naturel mais de l'accepter et de l'accompagner.

### Rôle de l'environnement

Il est très difficile de distinguer dans ce processus ce qui est « inné » de ce qui relève de la volonté personnelle ou de l'environnement. Le fait est que nous sommes des êtres en interaction constante avec ce qui nous entoure. Du point de vue qui nous occupe, la famille et l'éducation tiennent une place particulièrement importante. Ils peuvent contrarier ou renforcer à chaque étape l'activation spontanée ; et l'individu peut lui-même réagir par la conformité ou la contre-dépendance. Tous les cas de figure peuvent se produire et l'histoire individuelle vient colorer, au point parfois d'en changer l'image, le cycle que nous avons décrit.

### Les phases de transition

Elles présentent des caractéristiques communes, plus ou moins marquées selon les cas :

#### *Le désintérêt pour la fonction précédente*

Ceci est particulièrement caractéristique de la fonction dominante quand la fonction inférieure émerge. Marie Louise von Franz compare alors la fonction dominante à un moteur de voiture qui aurait des ratés. En quelque sorte, le plaisir de la découverte étant épuisé, il est temps de passer à autre chose.

#### *La confusion intérieure*

Des réactions nouvelles se font jour dont le sujet ne se croyait pas capable et qui le surprennent. Par exemple la personne dont la Pensée entre en activation après une phase où le Sentiment a joué un rôle important réagira d'une façon assertive, voire agressive, qui la surprendra elle-même. Elle pourra hésiter un certain temps entre retourner au comportement antérieur ou poursuivre dans la nouvelle direction avec les incertitudes que cela comporte. Le retour en arrière en ce cas est un arrêt de l'évolution et risque d'entraîner une sclérose des comportements. L'acceptation de cette nouvelle façon de voir les choses n'annule pas la précédente mais l'enrichit. C'est comme passer de la mono à la stéréo.

#### *L'incompréhension des autres*

Le changement de comportements risque d'être encore plus mal perçu par les autres : « On ne le reconnaît plus », « Toi qui étais si... ». L'entourage proche peut agir ainsi comme un frein au changement. C'est un des rôles des guides et autres thérapeutes que d'encourager la personne à s'accorder le droit au changement, à ne plus être ce que les autres ont l'habitude d'attendre d'elle.

### *Manifestation de chaque fonction aux différentes étapes*

Les indications que nous venons de donner, combinées avec la description de chaque fonction (extravertie et introvertie) en position dominante et en position inférieure peuvent permettre à chacun d'illustrer les différents cas de figure, c'est-à-dire le déroulement dans le temps des 16 croix des fonctions correspondant à chaque type.

Nous en résumons quelques éléments dans le tableau ci-après.

| | **1**<br>enfance<br>**Dominante** | **2**<br>adolescence<br>**Auxiliaire** | **3**<br>jeune adulte<br>**Tertiaire** | **4**<br>maturité<br>**Inférieure** |
|---|---|---|---|---|
| **Se** | - se montre sociable<br>- partage faits et informations<br>- collectionne objets<br>- se livre collectivement à activités manuelles ou sportives<br>- a besoin de stimulation<br>- s'ennuie vite<br>- fait montre de beaucoup de curiosité | - collectionne<br>- développe travail manuel<br>- a des activités avec les autres<br>- prend des responsabilité en raison de son sens pratique | - s'oriente vers le présent<br>- utilise ses sens<br>- partage avec d'autres de nouveaux intérêts (sports, artisanat)<br>- se soucie de la précision | - a un sens croissant des détails<br>- développe intérêt dans travail manuel<br>- aime précision dans ses activités<br>- supporte mal inexactitude, imprécision<br>- recherche la compagnie des autres |
| **Si** | - prend plaisir à écouter, regarder, collectionner<br>- se livre à toutes sortes d'activités pratiques<br>- s'ancre dans le présent<br>- est factuel | - collectionne<br>- aime les travaux pratiques<br>- se montre digne de confiance, efficace<br>- travaille plutôt seul<br>- a le sens de l'observation<br>- fait preuve de précision | - découvre le monde des sensations<br>- fait des collections<br>- a des activités pratiques<br>- accorde de l'importance aux faits<br>- acquiert conscience de l'impact des relations avec les autres | - prend plaisir à travailler de ses mains<br>- recherche des informations précises pour prendre ses décisions<br>- devient ponctuel, précis<br>- a besoin d'être seul |
| **Ne** | - fait preuve d'imagination dans la vie sociale<br>- est souvent celui qui propose de nouveaux jeux<br>- s'ennuie dans la routine<br>- est souvent rappelé au concret par ses parents<br>- n'est pas très organisé | - développe son imagination<br>- échange en groupe pour avoir des idées<br>- fait des plans sur le futur<br>- rêve<br>- oublie les détails<br>- manque d'ordre<br>- est plus intéressé par l'essence que par les faits | - rêve ou rêvasse<br>- fait des plans sur le futur<br>- est distrait<br>- fait montre de créativité<br>- apporte de nouvelles idées dans le groupe | - montre davantage d'intérêt pour le futur<br>- est créatif avec les autres<br>- a moins le souci du détail qu'auparavant, d'où des oublis qui surprennent les autres |
| **Ni** | - se montre imaginatif et silencieux<br>- ne partage qu'avec peu de personnes son monde intérieur<br>- se rappelle difficilement les détails de cette période mais garde souvenir de l'atmosphère générale | - explore le monde intérieur des idées<br>- rêve<br>- élabore seul des plans sur le futur qu'il explique ensuite aux autres<br>- a de bonnes idées sous un aspect farfelu<br>- est plus intéressé par l'ensemble que par les détails | - a de l'imagination<br>- aime explorer le futur et le bizarre<br>- fait moins attention aux détails<br>- travaille seul<br>- a plus d'ordre | - développe goût pour le futur<br>- et intérêt pour le spéculatif<br>- a plus d'ordre<br>- fait preuve de moins d'obsession du détail<br>- développe sa créativité, surtout seul |

| | 1 | 2 | 3 | 4 |
|---|---|---|---|---|
| **Te** | - pose des questions pour comprendre avant d'obéir<br>- fonde ses décisions sur bases logiques sans chercher à plaire<br>- ne fait les choses qu'avec une bonne raison | - a le sens de la justice, du fair play<br>- est détaché de ses émotions<br>- prend des rôles de responsabilité<br>- se montre objectif et organisé au point que les autres peuvent croire à l'absence de sentiments | - découvre la nécessité de prendre en compte ses besoins personnels<br>- se montre plus assertif<br>- risque d'éprouver sentiment de culpabilité quand les gens s'étonnent de ce nouveau comportement | - développe son assertivité<br>- se montre parfois agressif, hostile<br>- éprouve du ressentiment d'avoir trop voulu aider<br>- défend sa nouvelle liberté<br>- est moins sensible aux critiques |
| **Ti** | - vit dans un monde intérieur au bouillonnement perpétuel<br>- partage ses idées avec peu de personnes<br>- veut connaître raisons de tout<br>- n'obéit qu'aux règles claires et impartiales | - prend des décisions logiques<br>- éprouve désir de commander de façon subtile et indirecte<br>- poursuit des raisonnements personnels non expliqués aux autres<br>- exprime son point de vue sans détour et risque ainsi de blesser | - prend mieux en compte ses propres intérêts<br>- commence à dire non ce qui surprend les autres et même soi<br>- recherche du vrai moi intérieur<br>- partage avec un nombre limité d'amis<br>- cherche des preuves, pas des croyances | - se montre assertif<br>- augmente sa capacité à dire non<br>- développe logique<br>- donne moins facilement accord pour préserver harmonie<br>- étonne les autres par ce changement qui est peu exprimé<br>- exprime son affection |
| **Fe** | - aime faire plaisir<br>- est sensible aux besoins des autres<br>- éprouve fréquemment culpabilité<br>- se blâme lui-même plutôt qu'être en colère<br>- veut voir tout le monde heureux<br>-exprime joie de vivre | - élargit son réseau d'amis<br>- développe des activités de groupe<br>- a le souci des autres et de leurs besoins, spécialement les défavorisés<br>- éprouve culpabilité de ne pas faire assez plaisir aux autres<br>- reçoit facilement des confidences | - est plus sensible à l'influence des sentiments des autres<br>- se montre sentimental, quelquefois proche des larmes<br>- cherche à aider les autres<br>- rencontre vulnérabilité en montrant ses sentiments<br>- permet aux autre de découvrir ses sentiments intérieurs | - développe une nouvelle sensibilité aux valeurs et aux personnes<br>- en parle publiquement ce qui peut entraîner gêne pour soi et les autres<br>- prend plaisir à exprimer et recevoir des sentiments<br>- abandonne le rationnel exclusif |
| **Fi** | - cherche à faire plaisir aux autres<br>- joue seul<br>- désire aider au point d'oublier son propre intérêt<br>- se sent responsable de l'harmonie familiale<br>- a une conscience délicate | - éprouve des sentiments forts mais sans les montrer si bien que les autres ne s'en rendent pas compte<br>- aide les autres<br>- est sensible à la peine d'autrui<br>- éprouve des difficultés à dire non<br>- sacrifie ses propres besoins pour faire plaisir | - explore plus volontiers l'univers des sentiments<br>- est plus facilement offensé<br>- prend des décisions fondées sur valeurs personnelles | - éprouve difficulté à se comprendre soi-même<br>- prend davantage ses décisions sur valeurs personnelles<br>- a plus accès à ses propres sentiments<br>- a plus d'empathie |

## Le processus d'individuation

*Quand on ne veut pas regarder son ombre,*
*on rencontre son destin.*
*C.G. Jung*

Il n'y a rien de plus différent d'une personne d'un certain type qu'une autre personne de ce même type. Ce disant, nous scions en quelque sorte la branche sur laquelle nous sommes assis depuis un bon moment. Rattrapons-nous à d'autres branches : les différences de type représentent un aspect — très important — de la diversité humaine ; le degré de développement, de maturité, que chacun atteint à l'intérieur de son type est un autre facteur, tout aussi important, de diversité.

Le développement à l'intérieur du type est ce que Jung a appelé le processus d'*individuation*. Nous en donnerons une définition, les principales étapes, et les moyens de le conduire.

### *Définition*

« J'emploie l'expression "d'individuation" pour désigner le processus par lequel un être devient un in-dividu psychologique, c'est-à-dire une unité autonome et indivisible, une totalité »[1]. Le but de l'individuation est l'actualisation des potentialités, la réalisation de la personne. En termes de fonctionnement psychique, l'individuation consiste à pouvoir utiliser chacune des quatre fonctions de façon adaptée à chaque situation.

Trois précisions :

**L'individuation est un processus, non un état.**

C'est que l'individuation est un chemin, une quête, plus qu'un résultat. Il n'y a pas en ce domaine d'équilibre stable qu'on pourrait atteindre une fois pour toutes ; nous sommes des marcheurs en chemin car la psyché ne connaît pas de repos.

1. Jung - *La guérison psychologique* - Buchet Chastel - Paris 1953.

Il n'y a d'arrêt qu'à la mort ; jusqu'à ce point, l'énergie vitale nous porte, l'esprit fonctionne, l'inconscient vit — il bouillonne même. Nous allons de déséquilibre en déséquilibre ; notre progrès est de tomber moins souvent, de marcher de façon plus fluide.

**L'autonomie implique la relation.**

Individuation n'est pas individualisme mais au contraire interaction avec l'environnement. La personne « individuée » est celle qui utilise les réponses appropriées aux variations de ce qui l'entoure. Elle se développe par différenciation, en reconnaissant l'autre pour ce qu'il est et non pour ce qu'elle projette sur lui.

**L'individuation peut être consciente ou inconsciente.**

L'individuation inconsciente est une simple croissance organique, « la transformation d'un gland en chêne, d'un veau en vache et d'un enfant en adulte »[1]. Elle a lieu sous la pression des événements, par développement naturel des potentialités. Le cycle des âges de la vie que nous avons décrit sera parcouru, qu'on en soit conscient ou non. S'il est parcouru de façon inconsciente, la confusion du départ risque de se retrouver à l'arrivée. Les aspects négatifs, régressifs peuvent l'emporter à chaque étape. La personnalité peut alors se rigidifier ; plus elle sera sclérosée, plus elle s'identifiera avec son environnement dont elle sera incapable de se dissocier.

Pour que la personne devienne vraiment ce centre d'autonomie indivisible, le processus d'individuation doit être conscient. Et en ce domaine, conscience signifie paradoxalement : rencontrer l'inconscient et composer avec lui. Nous allons y revenir. La lucidité nécessaire pour y arriver n'est pas un état de grâce tombé du ciel. Elle est le fruit d'un travail. Les moyens en sont variés. Nous en proposerons quelques uns. On peut en trouver d'autres. Mais nul n'est dispensé du travail lui-même, quelles qu'en soient les modalités, s'il veut accomplir son destin d'homme.

---

1. Jung - *Réponse à Job* - Buchet Chastel - Paris 1964.

### *Les rythmes du processus d'individuation*

Le cycle du processus d'individuation est le même que celui des âges de la vie ; l'individuation passe de fait par la différenciation des fonctions. Mais le travail particulier avec l'inconscient que comporte le processus d'individuation donne à ce cycle un rythme particulier.

Les quatre fonctions, dominante, auxiliaire, tertiaire et inférieure, peuvent être considérées sous différents angles ou regroupées de différentes manières :

**1+3**

Une première approche consiste à différencier la dominante des trois autres ; c'est ainsi que Jung d'ailleurs définit ses 8 types psychologiques. La dominante donne la structure générale de la psyché, sa tonalité d'ensemble. En très bref : « elle, c'est moi ».

**2+2**

Une deuxième approche regroupe les 4 fonctions deux par deux. Deux possibilités se présentent :

— fonctions préférées/fonctions non préférées

On pourra mettre d'un côté les fonctions dominante et auxiliaire, nos fonctions « préférées », de l'autre, les fonctions tertiaire et inférieure. Les premières sont la part de lumière, les dernières sont notre part d'ombre. Les unes ne vont pas sans les autres. Cette manière de voir s'inscrit bien dans la dynamique d'évolution psychique

— fonctions extraverties/fonctions introverties

On pourra aussi associer les fonctions extraverties et les fonctions introverties, soit la dominante et la tertiaire d'une part, l'auxiliaire et l'inférieure d'autre part. On pourra ainsi repérer plus facilement ce que l'on donne à voir et ce que l'on est à l'intérieur

**3+1**

Une troisième approche consiste cette fois à distinguer l'inférieure des 3 autres fonctions. C'est que celle-là est par excellence la fonction de l'inconscient ; non qu'elle s'y identifie, mais elle en est le lieu d'expression privilégié. La fonction inférieure est la moins accessible, la plus lointaine, des 4 fonctions. Ce pourquoi sur le graphique ci-dessous la branche qui y conduit est plus longue.

Comment intègre-t-on successivement ces différentes fonctions ? Quelles sont les étapes de l'individuation ? Là encore, on peut adopter plusieurs optiques :

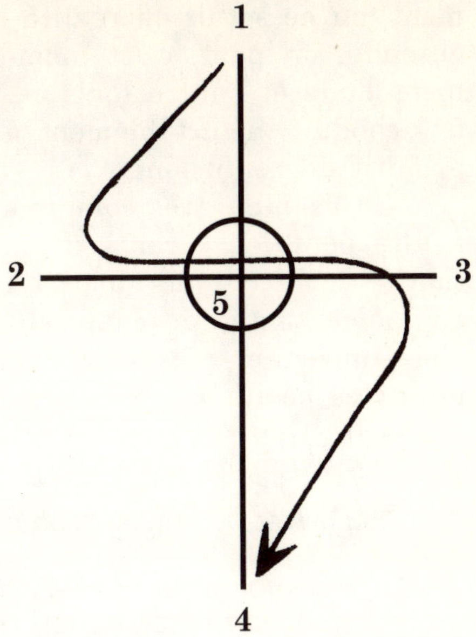


• Le développement de chacune des fonctions, successivement, en 4 étapes. C'est effectivement la base du parcours, mais à considérer celui-ci de façon trop linéaire, on risque d'oublier le caractère particulier des fonctions de l'ombre

• On envisagera donc plutôt un processus en trois étapes :

— la première concerne les deux fonctions « préférées », la dominante et l'auxiliaire. Ce sont celles qui permettent de s'établir dans le monde

— la deuxième s'adresse aux deux fonctions de l'ombre, tertiaire et inférieure. Elles viennent équilibrer la personne. Nous les regroupons ici, mais n'ignorons pas que l'inférieure est encore plus difficile d'accès que la tertiaire.

— la troisième est l'état d'individuation, la quintessence de l'être.

### Première étape : la différenciation des deux premières fonctions

Les deux premières fonctions désignent ici les fonctions dominante et auxiliaire. Bien entendu les quatre processus fondamentaux de la psyché, Sensation, Intuition, Pensée, Sentiment peuvent se trouver dans chacune de ces deux positions.

Par différenciation, nous entendons le fait pour chacune des fonctions d'acquérir son autonomie et son efficacité. Autonomie car une fonction doit pouvoir opérer seule sans être contaminée par les autres. Si l'on était **en même temps** dans la Sensation et son opposé l'Intuition, ou la Pensée et le Sentiment, on ne serait en réalité ni dans l'un ni dans l'autre ; bien entendu, on peut, c'est même souhaitable, utiliser successivement l'une et l'autre fonction. Mais vouloir faire les deux à la fois conduit inéluctablement à maintenir chacune dans un état primitif de confusion.

Un exemple très communément partagé est celui de la difficulté pour les parents de maintenir des règles pour l'éducation de leurs enfants (aspect Pensée logique) et de faire preuve en même temps de compréhension (aspect Sentiment). Il est alors important de savoir à quel niveau on se situe pour maintenir des positions claires et cohérentes, bien que différentes.

*Saint Ignace de Loyola, dans les* Exercices Spirituels *a parfaitement su utiliser cette distinction des fonctions. On y trouve en effet :*

*— des formes de prière correspondant aux différents modes de perception : l'application des sens, l'équivalent de la sensation dans notre terminologie et l'application des facultés de l'âme, correspondant à l'intuition.*

*— des modalités de prise de décision correspondant aux fonctions de jugement : « dans tous les exercices spirituels qui suivent, nous nous servons des actes de l'intelligence pour réfléchir et de ceux de la volonté pour mouvoir les sentiments ».*

*La première méthode est purement logique, impersonnelle. En voici les étapes clés :*

- *me trouver indifférent, sans aucune affection désordonnée »,*
- *avoir l'objectif présent à l'esprit,*
- *considérer, en réfléchissant, combien d'avantages et de profits découlent pour moi du fait d'avoir la charge ou le bénéfice envisagé... et à l'inverse considérer de même les désavantages et les dangers qu'il y a à les avoir. Dans la seconde partie faire de même : regarder les avantages et les profits qu'il y a à ne pas les avoir et aussi, à l'inverse, regarder les désavantages et les dangers qu'il y a à ne pas les avoir,*
- *regarder de quel côté la raison incline.*

*La deuxième, entièrement différente, est fondée sur les valeurs personnelles. En voici l'essentiel :*

*« Considérer, comme si j'étais à l'article de la mort, la façon de procéder et la norme que je voudrais alors avoir suivies dans la manière de prendre la présente décision.... les adopter maintenant pour que je sois alors dans le bonheur et une joie totale. »*[1]

Lorsque les fonctions sont prises isolément, on peut alors les travailler pour les rendre plus efficaces. Une fonction est efficace quand elle peut être utilisée à discrétion sur l'objet approprié et qu'elle s'y applique sans faille. Obtenir ce résultat nécessite le plus souvent des exercices adaptés. C'est ce que nous verrons dans la section suivante, concernant les moyens de développement.

### Deuxième étape : la prise en compte de l'inconscient à travers les fonctions de l'ombre

Le travail sur les fonctions de l'ombre et notamment la fonction inférieure est de nature très différente de celui sur les deux autres fonctions. Certes, il est possible de s'exercer sur elles de la même manière que sur les autres. On obtiendra un certain résultat, mais qui ne concernera que la surface du comportement. Aller plus loin implique de rencontrer directement l'inconscient, et il s'agit alors d'un autre voyage ! Dans le quadrige de nos fonctions, un cheval est rebelle et donne des difficultés particulières au conducteur. Mais sans lui l'attelage n'est pas à sa pleine puissance.

L'inconscient en effet ne peut par définition pas devenir conscient. On peut l'apprivoiser, au sens où le Renard disait au Petit Prince qu'il s'agissait de créer des liens ; on ne peut le domestiquer. Les quatre fonctions sont comme quatre animaux, le chien, le cheval, le chat et le lion. Les deux premiers, même s'ils sont très différents, ont en commun de pouvoir être domestiqués ; le troisième l'est difficilement, le quatrième pas du tout. Et si vous les mettez directement en contact, ils risquent de se battre entre eux, le dernier mangeant les trois premiers. Les fonctions de l'ombre sont des portes sur l'inconscient ; mais les serrures ne sont pas faciles et nous n'avons pas toutes les clés.

---

1. Ignace de Loyola - *Exercices spirituels* - Traduction du texte autographe par Edouard Gueydan - Desclée de Brouwer 1985 *passim*.

Si on ne vit pas la fonction inférieure, dit Marie Louise von Franz, la vie devient mortelle et l'on périt d'ennui ; si on y plonge, c'est le chaos. Nous voilà bien ! Il reste à trouver une solution de compromis, d'équilibre entre ces deux forces opposées.

Cela revient nécessairement à faire une part à l'inconscient, à renoncer à la maîtrise complète des fonctions de l'ombre. Il ne s'agit pas de baisser les bras en laissant en particulier la fonction inférieure faire irruption de façon anarchique ; il s'agit de composer avec son inconscient en lui reconnaissant une place réelle, non contrôlable de façon consciente et voulue. Reconnaître une place signifie tout à la fois accorder un espace et poser des limites. Cela entraîne en contre-partie la nécessité pour la fonction dominante de cesser de vouloir tout régenter. La fonction dominante, pour employer un vocabulaire emprunté à l'analyse transactionnelle, a tendance à se comporter en parent normatif, qui sait mieux que les autres ce qu'il faut faire — ce que nous avons appelé plus haut l'étouffement de la fonction inférieure par la fonction dominante. Souvenez-vous de notre PDG qui avait troqué ses cheminées d'usine pour des rangées de plants de salades. Il faut que la fonction dominante se fasse petite pour laisser son rôle à la fonction inférieure ; elle y a d'ailleurs intérêt car si lutte il y avait, ce serait la fonction inférieure qui ferait basculer le conscient dans l'inconscient et non l'inverse.

C'est encore Marie Louise von Franz qui compare le travail avec la fonction inférieure à la pêche au gros à partir d'une petite barque. Il y a certains poissons que vous pourrez mettre dans votre bateau. Il y en a d'autres si lourds qu'ils feraient couler votre embarcation ; vous pouvez les tirer un peu hors de l'eau et voir à quoi ils ressemblent ; vous pouvez peut-être utiliser leur énergie ; mais vous ne pouvez certainement pas les faire monter à bord.

La fonction tertiaire joue ici un rôle capital, car elle sert de charnière entre les fonctions conscientes et la fonction inférieure. Si elle est bien « huilée », l'accès à la fonction inférieure pourra se faire ; sinon, celle-ci restera dans l'ombre et se manifestera par excès ou par défaut. Que l'on veuille développer l'inférieure, ou que l'on veuille sortir de son emprise lorsqu'elle se manifeste de façon violente, le recours se trouve dans la tertiaire. Ce qui signifie concrètement que si l'inférieure est une fonction de jugement, il convient de passer sur l'axe de la perception ; et inversement, si l'inférieure est une fonction de perception, il convient de passer sur l'axe de la décision.

**Troisième étape : la quintessence de la personne**

A ce stade, on est capable d'utiliser chacune des quatre fonctions, on ne s'identifie à aucune. C'est justement parce qu'à travers la rencontre de l'inconscient on est amené à renoncer à la tyrannie de la dominante que l'on peut mieux utiliser chacune des quatre fonctions quand cela est approprié. Si vous avez lu la vie de grands sages dans quelque tradition que ce soit, vous aurez sans doute été frappés par leur capacité d'adaptation, qui parfois choque leur entourage. Combien d'anecdotes sur l'ascète qui jouit en toute tranquillité du bon repas qui lui est offert : il sait en fait utiliser sa Sensation quand l'occasion s'en présente, il n'en est pas la victime. Le Christ dans les Evangiles fournit d'ailleurs un magnifique exemple de personne qui peut tour à tour raisonner avec les docteurs de la Loi et enfreindre celle-ci, jeûner dans le désert et aimer le parfum que l'on verse sur ses pieds, pardonner à la femme adultère et fouetter les marchands du temple, œuvrer de ses mains au quotidien et conter les plus fulgurantes paraboles qui soient.

Les fonctions vivent en harmonie à l'intérieur de l'être réalisé, qui ne dépend d'aucune. Le centre de la personnalité est ailleurs, en un lieu où conscient et inconscient font bon ménage et d'où il est possible de faire appel à la fonction appropriée. Ce n'est pas un lieu d'immobilité, ou de non être ; c'est un lieu où le mouvement ne s'applique qu'à l'objet de son choix. Ce centre de la personnalité est ce que Jung nomme le Soi ; c'est aussi l'essence de la personne, ou plus précisément même sa quintessence ; ce n'est pas un hasard si la numérotation logique de nos étapes nous a amenés au chiffre 5. Et nous avons ainsi retrouvé la démarche des alchimistes !

Au-delà commence le chemin de la réalisation, sur la base d'une personne parfaitement « centrée ». Mais cela est une autre histoire, que de plus sages que nous pourront vous conter. Au demeurant, bien peu, si même il en est, arrivent à cette quintessence. La première étape, l'intégration des deux fonctions, prend à elle seule de longues années. La deuxième, la rencontre avec l'inconscient à travers les fonctions tertiaires et surtout inférieure, est une barre difficile à franchir ; il faut que les vagues vous tournent et vous retournent, il faut boire beaucoup d'eau salée et risquer l'asphyxie, avant d'aller librement nager en haute mer. Les rouleaux bien plus souvent vous ramènent à votre point de départ. Le tout est de ne pas rester sur la rive.

### *Les chemins de l'individuation*

Dès lors que l'on parle de chemins, nous sommes dans l'hypothèse de l'individuation consciente. Si je veux accompagner ce processus — ou à tout le moins ne pas le contrarier — que puis-je faire ? Deux voies s'offrent à nous :

- La première est plus axée sur les comportements à acquérir, comportements qui sont plus ou moins difficiles d'accès selon qu'ils sont reliés aux fonctions préférées ou aux fonctions de l'ombre.
- La seconde est indispensable pour une évolution en profondeur, en particulier lorsqu'on aborde le domaine des fonctions de l'ombre, tertiaire et inférieure ; il s'agira alors de traiter avec l'inconscient.

Précisons que les éléments de réponse que nous donnons sont issus d'expériences amassées par ceux qui suivent cette démarche. Il appartient à chacun de trouver dans cette moisson le grain qui lui convient pour le moudre à sa manière ; et de chercher ailleurs, à commencer par lui-même, ce qui lui manquerait.

#### La voie « comportementale »

Il est possible de pratiquer en ce domaine une démarche consciente et délibérée. Pour autant, le travail avec l'inconscient n'est pas interdit, bien au contraire. Voici pour vous aider un certain nombre de conseils pratiques, suivis d'exemples adaptés à chaque fonction.

##### *Règles pratiques*

**1)** Concentrez-vous sur une seule fonction à la fois, ne dispersez pas vos forces.

**2)** Suivez l'ordre d'activation des fonctions : allez à la fonction suivante sans sauter d'étapes. Et tenez compte de votre âge. Certes, il y a de grandes variations individuelles ; mais à chaque étape de la vie, son travail. Vouloir travailler sa tertiaire durant l'adolescence, *a fortiori* la quatrième fonction, risque d'être une dépense d'énergie disproportionnée par rapport au résultat.

**3)** Etablissez votre propre liste de ce que sait bien faire la fonction que vous voulez développer, de ses qualités. Pour cela, utilisez par exemple les descriptions données au chapitre 1 ; ou les portraits des types et des tempéraments ; ou tout autre document que vous pourrez trouver dans la littérature existante ; ou vos propres observations sur des personnes bien développées qui ont cette fonction en dominante.

**4)** Retenez dans cette liste ce qui va vous être utile à vous, parce que ce sont vos points les plus faibles, ou parce que c'est ce que vous avez le plus besoin d'utiliser dans votre métier ou votre vie personnelle.

**5)** Prenez des situations motivantes, qui vous donneront une satisfaction rapide et où vous avez du temps devant vous. Ne commencez pas par les situations les plus difficiles où les enjeux sont trop élevés. Le développement des fonctions de l'ombre demande de la patience et du plaisir.

**6)** Pendant ces périodes de travail, faites confiance à votre inconscient ; il peut vous donner des indications précieuses. Les rêves notamment vous seront utiles ; voyez plus loin comment les écouter.

**7)** Quand vous aurez choisi vos terrains d'exercice, persévérez jusqu'à ce que vous ayez un résultat tangible. L'assimilation d'une fonction n'est pas le résultat de quelques exercices ; il s'agit d'un long apprentissage, équivalent à celui d'un instrument de musique, d'un tour de main, d'un sport.

### *Exemples*

Voici des illustrations du développement qui peut être fait pour chaque fonction. Attention : ceci n'est pas une liste de choses à faire mais un magasin où vous puisez l'article qui vous convient !

#### *Pour développer la Sensation*

— développer son attention à « l'ici et maintenant » : faire une pause entre différentes activités, prendre conscience de sa respiration, pratiquer la relaxation, faire travailler successivement chacun des cinq sens.

— faire attention aux détails de la vie quotidienne : établir le rapprochement de ses relevés bancaires avec ses talons de chèque, soigner les objets ménagers, prendre conscience des tâches quotidiennes tant à la maison qu'au travail.

— se livrer à des activités concrètes : travailler de ses mains à fabriquer quelque chose d'utile, bricoler, peindre des natures mortes, préparer un itinéraire de voyages en réunissant toute la documentation pour chaque lieu intéressant, apprendre à jouer d'un instrument de musique.

— prendre plaisir aux choses ordinaires (boire, manger, dormir, respirer, vivre).

*Pour développer l'Intuition*

— ouvrir l'imaginaire : prendre le temps de ne rien faire et de rêver, imaginer des activités sans intérêt immédiat, laisser venir des réponses à la question : « Que ferais-je si... (j'habitais une autre ville, j'avais un an de congé...) ? »

— développer la créativité : prendre deux objets différents et inventer tout ce qu'on peut faire en les combinant, chercher une troisième solution quand on est en présence d'une alternative, écrire des scénarios de science-fiction.

— s'ouvrir au sens des relations entre les choses : pratiquer l'analogie, les comparaisons, les métaphores.

— enrichir sa vie symbolique : lire des poèmes, des romans de science-fiction, regarder ou écouter des œuvres d'imagination en divers domaines de l'art, chercher un sens nouveau à des lieux familiers.

*Pour développer la Pensée*

— développer son assertivité, c'est-à-dire sa capacité à exprimer ses pensées et sentiments sans crainte ni colère, en n'étant « ni hérisson ni paillasson ».

— exercer son esprit critique : jouer « l'avocat du diable » dans une discussion, relever tous les défauts d'un objet usuel, faire la liste des avantages et des inconvénients de plusieurs solutions possibles à un même problème.

— travailler la logique : écrire un texte sous forme de propositions logiques, chercher le plan d'un article et améliorer les enchaînements logiques.

*Pour développer le Sentiment*

— entrer en contact avec ses sentiments : écouter la musique sans rien faire d'autre et en étant proche de ses sentiments, jouer avec des enfants et imiter leurs réactions, être conscient de ses goûts et dégoûts.

— cultiver l'intimité : exprimer ses sentiments à une personne privilégiée, raccourcir la distance (au propre et au figuré) mise avec les gens, reformuler les sentiments exprimés par d'autres.

— travailler les valeurs personnelles : formuler ses propres valeurs, faire « l'avocat de l'ange » (chercher tout ce qu'il y a de bien dans une personne et ses idées), se demander ce qu'on aimerait laisser en souvenir à ses enfants, ses amis.

**Le travail sur l'inconscient**

Dans une certaine mesure, il est possible de travailler sur les fonctions de l'ombre, en les considérant simplement comme les troisième et quatrième fonctions, sans aborder leur lien avec l'inconscient. Cette approche est envisageable à deux conditions : d'une part savoir qu'elle est partielle et ne touche qu'une petite partie de la réalité, d'autre part l'accompagner d'un véritable travail sur l'inconscient sous peine de voir celui-ci faire irruption sans prévenir. On peut en ce sens se référer aux exercices précédents. Toutefois cette démarche est limitée et l'inconscient demande à être abordé en tant que tel.

Le travail sur l'inconscient comporte deux aspects :

— la séparation entre le sujet et le monde extérieur, différenciation objective,

— la séparation du moi et du monde intérieur, différenciation subjective.

*La séparation sujet/objet*

L'état naturel, primitif, du conscient est celui de l'indifférenciation entre le sujet et l'objet. Il n'y a pas entre les deux de distance critique : le sujet attribue à l'objet ses propres états intérieurs. C'est la situation de l'enfant par rapport à sa mère dans les premiers mois de sa vie ; c'est aussi la situation du « primitif » qui attribue une âme et des sentiments aux objets qui l'entourent ; c'est enfin ce que continuent à faire les adultes à travers le mécanisme de projections que nous avons vu plus haut.

Comment retirer les projections ? En en prenant conscience, M. de la Palisse en eût dit autant. Mais encore, plus pratiquement ?

D'abord, par un effort de lucidité lorsque nous nous trouvons en face de personnes qui nous irritent, de façon permanente ou passagère, plus que de raison. A chaud certes, cela est difficile. L'orage passé, il est intéressant de se demander pourquoi cette personne entraîne des réactions disproportionnées, ou qui n'éveillent pas en tout cas les mêmes échos chez d'autres. C'est qu'en général elles nous rappellent des personnes avec qui nous avons eu affaire (parents, éducateurs,...) ou réactivent des situations qui nous ont marqués. Souvent, la simple prise de conscience suffit à retirer la projection. La personne sur qui l'on projette est comme un portemanteau sur lequel nous accrochons nos vêtements. Le retrait de la projection consiste à reprendre nos « habits », même s'ils ne nous plaisent pas, et par contrecoup à regarder ce qui a servi de support aux projections dans sa réalité. La parabole évangélique de la paille et de la poutre est une bonne illustration de ce mécanisme.

*Nous avons récemment animé un séminaire destiné à des cadres supérieurs. Tout se passe bien au début ; à la fin du premier jour, nous organisons une simulation autour du thème des restructurations. Quelques participants sont invités à jouer le rôle de l'équipe de direction qui doit prendre des décisions de licenciement. Les autres, une quarantaine, regardent ce qui se passe sur l'estrade ; l'un d'eux propose d'éteindre les lumières, ce que nous acceptons, n'y voyant pas malice. Le jeu se déroule normalement. Il est suivi d'une pause.*

*Au cours de celle-ci se produit une véritable révolte. Les participants refusent de revenir, récusent durement les thèmes prévus et la méthode pédagogique, demandent à négocier la suite du programme avec la direction de l'organisme de formation. Le blocage dure plusieurs heures avant qu'un compromis ne soit trouvé.*

*C'est à ce moment que nous apprenons qu'en fait les trois quarts des participants sont des cadres licenciés en recherche d'emploi. Il est alors facile de reconstituer le mécanisme projectif : mis dans une situation à caractère régressif (regarder dans le noir) les participants devenus spectateurs voient se dérouler une reproduction de la scène qui a conduit à leur licenciement. Tous les sentiments de frustration, de colère qui n'ont pu s'exprimer à ce moment sont alors transférés sur l'objet le plus proche, et qui a réactivé la situation, l'animateur.*

*En l'occurrence le premier travail a consisté pour celui-ci à ne pas (trop) prendre pour lui-même les critiques émises, ce qui est d'ailleurs plus facile à dire après qu'à faire pendant ! Le deuxième travail, qui n'a pu dans ce cas qu'être amorcé avec quelques personnes à la fin du séminaire, a été de commencer à faire le tri entre les améliorations à apporter réellement au séminaire et les reproches dus au traumatisme.*

Cet effort de lucidité s'accompagnera fort utilement d'un brin d'humour — qui est d'ailleurs un ingrédient majeur du développement personnel en général. Le retrait des projections est une activité souvent pénible et il vaux mieux se regarder soi-même avec un œil bienveillant et distancié que sombrer dans le désespoir. Il est d'ailleurs tout à fait utile de remercier, au moins mentalement, les personnes qui nous irritent pour le service qu'elles nous rendent en nous permettant d'améliorer notre connaissance de nous-même.

Il est ensuite possible de se faire aider pour ce travail sur les projections. C'est ce qui se fait notamment dans le travail thérapeutique, en groupe ou individuel.

Enfin nous suggérons l'utilisation d'une démarche qui a été proposée par John et Joyce Weir[1]. Elle consiste à parler à la forme pronominale pour se réapproprier ses sentiments et pensées. C'est ainsi qu'on transformera « Untel m'agace » par « je m'agace avec Untel ». Le principe est simple, l'application réserve des surprises. Bon courage !

Le danger qui peut menacer le « moi » au cours de ce travail est celui que Jung nomme joliment « l'inflation de l'ego ». Le « moi » pense en effet qu'il a atteint son but, le problème semble résolu. Un afflux d'énergie se produit alors, entraînant une exaltation gratifiante. En réalité, le moi n'est pas fondamentalement remis en cause et il y a addition d'une connaissance nouvelle à des connaissances anciennes, sans intégration réelle

---

1. John et Joyce Weir ont animé aux Etats-Unis des groupes de développement personnel d'inspiration Jungienne de 1950 au début des années 1990. Leur enseignement était uniquement oral.

passant par une restructuration. L'inflation en ce cas est rapidement suivi d'une « déflation » (cette fois, le mot n'est pas de Jung !) et le moi se trouve victime de lui-même. Quand le sujet en a assez de subir des phases de haut et de bas, il peut passer à l'étape suivante et au travail subjectif de différenciation du moi et du monde intérieur.

### *Le travail intérieur de différenciation*

La deuxième étape du processus d'individuation nous a laissés face à une alternative dont les deux branches sont aussi détestables l'une que l'autre : ou fermer les yeux sur la fonction inférieure et périr d'ennui, ou la rencontrer résolument et se faire absorber par elle. Pour sortir du dilemme, il faut rencontrer les fonctions de l'ombre sur un terrain de moindre risque que celui de la vie quotidienne. Autrement dit, il faut procéder à un travail indirect dans un cadre particulier. Plusieurs modalités se présentent.

#### *Les rêves*

Les rêves sont des messages que nous adresse l'inconscient. Tout rêve non pris en compte est comme une lettre non lue. De tout temps, dans toutes les civilisations, les rêves ont eu une importance considérable et ceux qui savaient les « interpréter » ont joué un rôle particulier[1]. Les rêves sont la voie royale de l'inconscient. Comment lire les rêves ? Quelques recommandations pratiques :

**1)** S'en souvenir. Nous avons tous des rêves, nous ne nous en rappelons pas tous aussi bien. C'est une forme de mémoire qui s'exerce comme les autres. D'abord il faut vouloir s'en souvenir, attacher de l'importance au fait que l'on rêve. Ensuite, avoir à portée de la main un bloc et un crayon qui permettent de noter au vol, dès le réveil (après le rêve ou au matin) les idées clés. Faire ceci de préférence dans le noir ; ne pas allumer de lampe, ce qui interromprait le rythme de l'inconscient et gênerait un éventuel partenaire. Si c'est mal écrit, aucune

---

1. Voyez par exemple dans la Bible le songe de Joseph (Genèse ch. 37) ou les très célèbres interprétations que le même Joseph donne à Pharaon de ses rêves (id, ch. 41) ; ou au V° siècle avant J.C., l'importance du rêve dans le traitement des malaises physiques et psychiques à Epidaure. Ce ne sont que deux exemples parmi beaucoup d'autres.

importance, avec un peu d'habitude on arrive très bien à noter l'essentiel. Enfin, un peu plus tard, au lever, écrire son rêve en entier. On peut aussi le dessiner, les sculpter.

**2)** Ne pas chercher à interpréter ses rêves ; il n'y a pas de clé des songes. Tout ce que à quoi l'on aboutit en ce cas, c'est à faire entrer ses rêves dans des catégories préétablies. Abandonner tout savoir théorique ; se mettre à l'écoute de l'inconscient. Lui n'a pas de théorie sur ce que signifie ce qu'il dit.

**3)** Savoir que tout ce qui arrive en rêve, c'est le rêveur qui le fait advenir. Ce ne sont pas nos parents, notre conjoint, nos enfants, nos amis, etc. qui nous rejoignent dans nos rêves, c'est nous qui les convoquons ; il ne nous arrive rien dans les rêves, c'est nous, rêveurs, qui fabriquons tout.

**4)** Savoir aussi que tout personnage, tout événement d'un rêve est une partie de soi. Ce n'est pas de notre père ou de notre voiture qu'il s'agit ; mais de la partie de nous qu'est le père ou la voiture. Les rêves ne nous communiquent rien sur les autres ; ils ne nous parlent que de nous, parce que c'est nous qui rêvons.

**5)** En suivant les deux points précédents, réécrire ou reraconter le rêve en s'en réappropriant chaque élément. Utiliser pour cela la forme « pronominale active » : « Je me fais accomplir telle action ». Voici un exemple de la manière de procéder. Tout d'abord, le rêve tel qu'il a été raconté par Marc :

> *Sophie et moi conduisons notre fils Denis à l'hôpital. Il a 3/4 ans mais son corps de maintenant (20 ans). Il est dans une espèce de fauteuil roulant. Nous traversons de nombreuses salles. On arrive enfin dans une salle d'attente. Sophie doit aller remplir un papier. Ça m'ennuie parce que s'il y a quelque chose à négocier, elle se débrouillerait mieux que moi. Le médecin sort. Il a une tenue très sale, pleine de sang. Il y a des voix d'infirmières qu'on entend et qui expliquent que le médecin a trop travaillé aujourd'hui et qu'il ne pourra plus prendre personne. J'insiste en disant que je n'ai pas fait tout ce trajet pour recommencer demain. Il fait entrer Denis. Je suis timidement, je reste sur le pas de la porte. Il me dit gentiment que je peux venir.*

*Il goûte le sang de Denis, à qui il a dû faire un prélèvement. Il en a partout. Il mâche ; c'est déjà un peu coagulé, ça a l'air même cotonneux. Il me dit que ça a le goût de «   », et prononce un terme scientifique que je ne connais pas. Je lui demande alors si ça explique l'agressivité de Denis. Il me dit : « Voyez vous-même » et il m'écrase sur la figure un magma de sang coagulé ; il m'en fait même pénétrer dans la bouche, au fond à droite. Je mâche, ça a très mauvais goût. Je me réveille avec cette sensation dans la bouche.*

A présent, le même rêve, mais raconté à la forme pronominale. Nous n'en donnons que les premières lignes pour éviter la monotonie.

*Avec la partie de moi que représente Sophie (« Je-Sophie »), je me fais conduire à l'hôpital la partie de moi qu'est mon fils Denis (« Je-Denis »). « Je-Denis » suis dans mon corps de maintenant mais j'ai 3/4 ans. « Je-Denis » suis dans un fauteuil roulant. « Je-Denis », « Je-Sophie » et moi nous faisons traverser de nombreuses salles... Je fais sortir « Je-médecin ». « Je-médecin » porte une tenue très sale, pleine de sang. Je me fais entendre des voix d'infirmières. « Je-infirmières » expliquent que « Je-médecin » ai trop travaillé aujourd'hui et ne pourrai plus prendre personne. Etc.*

Voici quelques uns des commentaires et associations faits par Marc après qu'il ait raconté entièrement son rêve de cette manière.

- *« Je-Denis » est l'enfant que j'ai été et qui a connu à l'age de trois ans et demi la mort jamais réellement surmontée d'un être très proche. « Je-Denis » suis resté bloqué dans mon fauteuil de paralytique, même si mon corps a grandi.*

- *« Je-Denis » suis agressif car je garde la colère de ce deuil non fait. En fait, je me garde en colère, peut-être pour maintenir une forme de présence du disparu.*

- *J'ai fait beaucoup de travail sur la question et « je-médecin » suis fatigué. J'en ai vu de toutes les couleurs et j'ai l'impression que ça n'a servi à rien.*

- *Je ne veux pourtant pas renoncer. « Je-Sophie » est la partie teigneuse de moi qui me pousse à persévérer.*

• *Je me fais mâcher le sang de « Je-Denis ». Je suis obligé de revenir sur la mort expérimentée à 4 ans, même si cela a très mauvais goût. Il faut que je le fasse jusqu'à ce que je trouve le nom qui convient et que je n'ai pas compris quand « Je-médecin » l'ai prononcé.*

6) En racontant les rêves de cette manière, les messages que nous adresse l'inconscient deviennent plus « lisibles » ; on peut même avoir l'impression de converser avec quelqu'un qui habite en nous, dont le langage est parfois obscur, mais qui a plein de choses intéressantes à nous dire. Et l'on finit par s'endormir avec curiosité en se demandant quel message se trouvera au réveil. Shakespeare disait : « La vie est l'étoffe dont nos rêves sont faits ». Il est aussi vrai que nos rêves sont les fils dont nous tissons notre vie.

*L'imagination active*

« L'imagination active » proposée par Jung est une démarche délibérée pour permettre à l'inconscient de s'exprimer au cours de la journée. Elle consiste à donner les moyens à l'imagination de représenter sous des formes concrètes et variées l'émotion, la pensée, le sentiment qui emplissent à un moment donné le champ de conscience du sujet. Là encore, quelques règles pratiques :

**1)** L'imagination active n'est pas seulement une catharsis du sentiment, une liquidation d'affects longtemps refoulés. Cette évacuation est nécessaire pour « libérer » le sujet de la violence de l'émotion ; mais elle doit être poursuivie par un travail actif de représentation.

**2)** Ce travail doit avoir une certaine durée ; les personnages ou situations qui apparaissent dans l'imagination active prennent alors une réelle épaisseur, une consistance ; il peuvent devenir en quelque sorte des compagnons de chemin. Les représentations varient selon chacun : un lutin malicieux à la barbe blanche et au bonnet rouge, un être de lumière à l'aura vibrante, un enfant joueur, une vieille dame pleine de sagesse...

**3)** Chacun trouve le mode de représentation qui lui convient : peinture, musique, modelage, écriture, danse, chant, peu importe. Les fonctions tertiaire et inférieure peuvent alors jouer leur rôle d'introduction à l'inconscient ; ce sont elles qui permettront au sujet de s'ancrer dans le monde qui lui est le moins familier et donc de laisser le mieux s'exprimer son inconscient. Jung, de type Pensée introvertie, travaillait l'argile et la pierre, éléments très matériels qui lui permettaient de développer sa sensation ; à l'opposé un sensoriel se mettra à écrire des histoires de science-fiction où son imagination se donnera libre cours. La danse peut être une forme d'expression appropriée pour les personnes de type Pensée-Intuition car elle permet à travers la sensation une traduction plus facile des sentiments. En sens inverse, une personne de type Sentiment-Intuition peut passer par une écriture rigoureuse pour donner forme à sa pensée.

### *Le Dialogue Intérieur*

Dans l'esprit de l'imagination active, mais la débordant très largement, deux thérapeutes, les Drs Hal et Sidra Stone, ont élaboré une démarche aux multiples applications, le Dialogue Intérieur ou Développement du Moi Conscient qui se marie très heureusement avec l'approche typologique.

**1)** Approche typologique et Dialogue Intérieur partagent les mêmes principes

**· Le principe de bascule**

La vie psychique est un système dynamique constitué de polarités opposées dont la tension même crée le mouvement. Plus précisément, tout ce que nous développons de façon spontanée suscite le renvoi de la polarité opposée dans l'inconscient. Il y a trois manières d'utiliser la bascule :

- on peut changer brusquement de côté. C'est ce à quoi jouent les enfants ; ce peut être amusant pour un temps mais la bascule brutale est difficile à vivre tant pour soi-même que pour l'entourage
- on peut bloquer la bascule pour éviter les changements précédents. En ce cas, le calme est assuré mais le système est figé
- on peut enfin se situer au milieu de la bascule et en gérer les oscillations avec précision afin de faciliter les changements requis sans en être le jouet.

**• Le principe d'inflation**

Toute stratégie efficace a tendance à devenir dominante, voire exclusive. Mieux elle marche pour l'individu, plus elle a tendance à rejeter dans l'inconscient le pôle opposé. L'ensemble des modes de fonctionnement et des stratégies habituels forment le Moi Opérationnel. C'est en quelque sorte la position par défaut ou le pilote automatique. Il est indispensable dans la vie quotidienne pour ne pas avoir à tout réinventer chaque matin ; mais si les habitudes prennent trop de place, la bascule se bloque et la capacité d'adaptation disparaît.

**• Le principe du devenir permanent**

Le Moi Conscient est ce qui permet de gérer la bascule, autrement dit d'utiliser le mode de fonctionnement ou la stratégie appropriés en fonction des besoins sans pour autant adorer ce que l'on a brûlé ou brûler ce que l'on a adoré. Il est le metteur en scène ou le chef d'orchestre ; il règle l'interaction des différentes facettes de la personne. Le Moi Conscient n'est pas un état auquel l'on parvient mais un processus constant de prise de recul et de « désidentification » des aspects dominants. Le Moi Conscient n'« est » pas ; il ne cesse de devenir. Comme le furet, il est passé par ici, il repassera par là. Cela ne suppose pas un terme au développement, un objectif à atteindre ; au contraire le développement n'est autre que la mise en œuvre constante de ce processus.

**2)** Si l'approche typologique met en lumière les modes de fonctionnement spontanés, le Dialogue Intérieur souligne la pluralité des stratégies que nous mettons en œuvre pour atteindre nos objectifs, nous adapter à l'environnement. Ces stratégies peuvent apparaître très tôt et donnent naissance à des schémas de comportements qui prennent dans la vie psychique une relative autonomie ; chacun d'entre nous a bien conscience de « revêtir » un habit différent selon qu'il est au bureau, à la maison, avec une bande de copains ou avec ses enfants... Ces stratégies ont souvent une telle densité que l'on peut parler de « sous-personnalités ».

Certaines de ces stratégies ou Sous-Personnalités prennent rapidement un rôle dominant. Ce sont celles qui facilitent notre adaptation, qui sont récompensées par les parents dans la vie infantile, qui nous permettent ensuite d'atteindre nos objectifs principaux, que ceux-ci soient au demeurant explicités ou largement inconscients. Les stratégies dominantes ont tendance selon la deuxième loi que nous avons énoncée à prendre de plus en plus de place, voire toute la place. Elles rejettent alors dans l'inconscient la polarité opposée, qui est soit non intégrée si elle n'a pas eu l'occasion d'émerger, soit reniée si ses timides manifestations ont été réprimées.

**3)** Modes de fonctionnement typologiques et stratégies interagissent et le repérage de ces interactions permet de mieux comprendre notre dynamique psychique.

• Il y a souvent conjugaison entre Sous-Personnalités et fonctions psychiques : le « créatif » se lie facilement à la fonction Intuition, le « pragmatique » trouve dans la fonction Sensation une alliée naturelle. À cet égard, le mode de fonctionnement spontané prédispose à développer certaines stratégies de préférence à d'autres.

• Il peut y avoir aussi déclinaison d'une Sous-Personnalité sur différents modes psychiques. Si nous poursuivons l'exemple ci-dessus, nous constatons en fait que la créativité peut se décliner sur différents modes, dont nous avons tendance à privilégier l'un au détriment des autres. Nous aurons ainsi un « créatif » sur le mode

- Sensation introvertie : créativité combinatoire dont l'invention de la presse à imprimer est un bon exemple
- Sensation extravertie : créativité par expérimentation, à la mode de Bernard Palissy
- Intuition introvertie : créativité par projection dans l'avenir, typique de la création de produits nouveaux chez Sony
- Intuition extravertie : créativité par analogie, qui peuple notre imaginaire et qui est en général la plus valorisée : la baignoire d'Archimède ou la pomme de Newton.

• Il est aussi possible de dresser une carte des Sous-Personnalités sur le schéma qui représente habituellement la dynamique de développement du type (croix des fonctions). Les différentes interactions possibles apparaissent ainsi très clairement.

**4)** La démarche concrète du Dialogue Intérieur est la différenciation entre le Moi Conscient et les Sous-Personnalités ou polarités, opérée durant la séance par un déplacement physique. Chaque fois que vous donnez la parole à une facette, vous quittez votre siège et vous vous situez à l'endroit qui lui convient le mieux. Ce déplacement a deux objectifs :

• Il facilite la distinction entre la personne qui cherche à voir clair en elle-même, et qui donc se rapproche de son Moi Conscient, et la Sous Personnalité ou la polarité qui a un point de vue particulier sur la question.

• Il permet à la Sous-Personnalité ou la polarité d'entrer en contact avec l'énergie profonde qui l'alimente, d'aller plus loin dans ce qu'elle est, ce qu'elle pense, ce qu'elle veut pour la personne sans rencontrer de contradiction. L'expérience est plus riche et plus profonde que si on en parlait de l'extérieur, elle intègre les aspects non seulement rationnels mais aussi affectifs et énergétiques.

En guise de conclusion de ce chapitre :

*Genèse, chapitre 32, versets 25 à 30.*

*« Jacob resta seul. Et quelqu'un lutta avec lui jusqu'au lever de l'aurore. Voyant qu'il ne le maîtrisait pas, il le frappa à l'emboîture de la hanche, et la hanche de Jacob se démit pendant qu'il luttait avec lui. Il dit : « Lâche moi car l'aurore est levée » mais Jacob répondit : « Je ne te lâcherai pas, que tu ne m'aies béni ». Il lui demanda : « Quel est ton nom ? » — « Jacob » répondit-il. Il reprit : « On ne t'appellera plus Jacob mais Israël, car tu as été fort contre Dieu et contre les hommes et tu l'as emporté ». Jacob fit cette demande : « Révèle-moi ton nom je te prie », mais il répondit : « Et pourquoi me demandes-tu mon nom ? » Et là même il le bénit. »*

Ce texte étrange peut être lu comme symbole du chemin d'individuation où le conscient lutte avec l'inconscient ; elle en tire sa force mais elle ne peut pour autant le nommer, ce qui serait le circonscrire et le posséder.

## EXERCICE N° 10

# LES ÂGES DE MA VIE

***L'enfance** (entre 5 à 10/12 ans environ)*

Quels sont les traits caractéristiques de l'enfant que j'ai été ?

- ceux qui étaient appréciés par mon entourage :

- ceux qu'on me reprochait :

Que disait-on de moi, ou que me dit-on actuellement de l'enfant que j'étais ?

Quelles sont les événements d'alors qui me restent en mémoire, et dont je suis particulièrement fier ?

En quoi les descriptions ci-dessus correspondent-elles à ma fonction dominante telle que je l'ai définie :

- domaines correspondant à la fonction dominante

- cette fonction dominante est-elle extravertie ou introvertie ?

Si cela ne correspond pas, y a-t-il d'autres manifestations de mon enfance qui correspondraient mieux à ce que je pense être ma dominante ?

Ou bien ma dominante est-elle une autre fonction que celle que je croyais. Laquelle ?

***L'adolescence** (de 12 à 18 ans)*

Quels changements sont-ils apparus de façon marquante par rapport à la période précédente ? Qu'ai-je fait différemment ?

Quels sont les domaines où j'ai fait preuve d'indépendance d'esprit, où je me suis opposé à l'« autorité » ?

En quoi mon attitude par rapport aux autres a-t-elle pu changer ?

Quels sont les événements de cette période qui sont significatifs d'un changement ?

Ces changements correspondent-ils à ma fonction auxiliaire ?

Sinon, y en a-t-il auxquels je pense maintenant ?

Ou bien ma fonction auxiliaire est-elle autre que je ne pensais ?

***L'âge adulte*** *(18 à 35/40 ans)*

Quelles capacités nouvelles ai-je acquises en entrant dans l'âge adulte ?

En quoi mon comportement social a-t-il changé ?

Comment s'est manifestée ma fonction tertiaire ?

Qu'est-ce qu'elle m'a apporté ?

Qu'est-ce qu'elle m'a permis d'équilibrer ?

***La maturité** (à partir d'environ 40 ans)*

Quelles difficultés se sont-elles produites dans ma vie au début de cette période ?

Y a-t-il eu des excès, des débordements ? Dans quels domaines ?

En quoi ces excès correspondent-ils à ma fonction inférieure non contrôlée ?

Quels aspects précédemment négligés de ma vie se sont-ils manifestés ?

Quels sont les nouveaux domaines que j'ai eu envie d'explorer ? Les potentialités que j'ai voulu développer ?

Quel type de relations ai-je voulu entretenir avec les autres ?

En quoi ceci est-il relié à ma fonction inférieure ?

Quels rêves ai-je eus qui se rapportent à ma fonction inférieure ? Que signifient-ils pour moi ?

## EXERCICE N° 11

# MON CHEMIN D'INDIVIDUATION

Je note en face des chiffres 1, 2, 3, 4, les fonctions qui correspondent à mon type :

(Voir si besoin l'exercice n° 8 « La dynamique des fonctions » ou la croix des fonctions qui figure en tête du portrait de mon type).

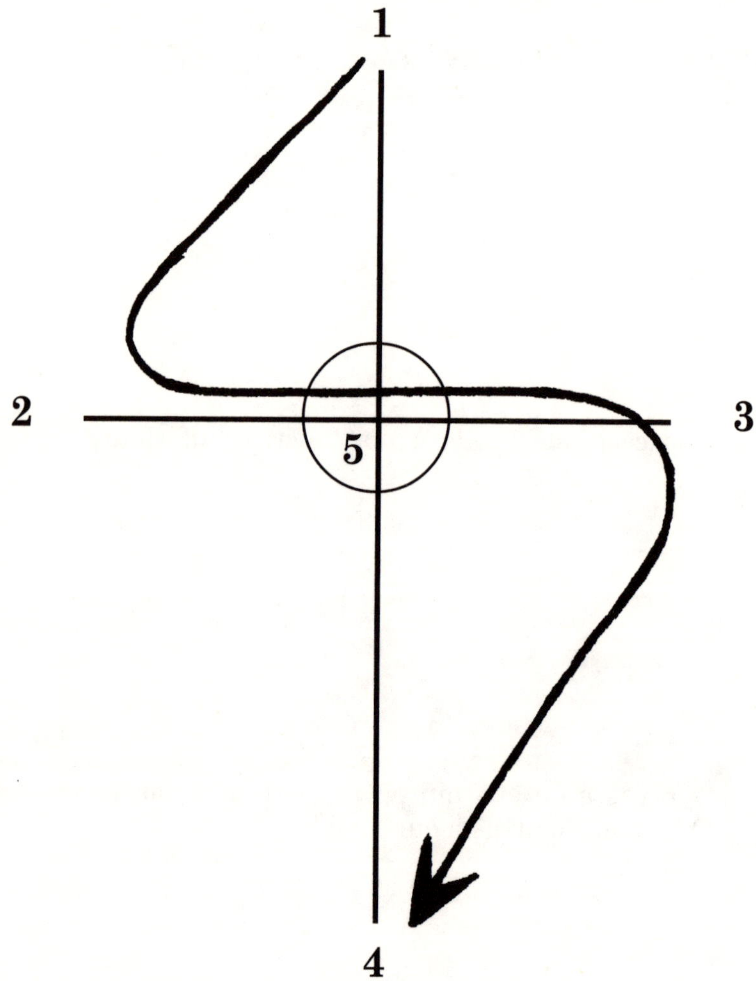


Pour la suite de cet exercice, référez-vous au Chapitre 4, notamment à la section « Les chemins de l'individuation ».

***Développement de ma fonction auxiliaire :***

(Noter la fonction auxiliaire avec son orientation, extravertie ou introvertie)

J'établis la liste des qualités de cette fonction, ce qu'elle permet de bien faire :

Dans la liste ci-dessus, je souligne les qualités que je veux particulièrement développer.

Je note les situations où j'ai le plus besoin de ces qualités :

Plusieurs fois par jour, je m'imagine dans l'une de ces situations en train d'exercer la qualité que je veux développer.

Je choisis des exercices pratiques qui peuvent m'aider à développer ma fonction auxiliaire.

***Développement de ma fonction tertiaire :***

(Noter la fonction tertiaire avec son orientation, extravertie ou introvertie.)

J'établis la liste des qualités de cette fonction, ce qu'elle permet de bien faire :

Dans la liste ci-dessus, je souligne les qualités que je veux développer.

Je note les situations où ces qualités doivent plus particulièrement se manifester :

Plusieurs fois par jour, je m'imagine dans l'une de ces situations en train d'exercer la qualité que je veux développer.

Je choisis des exercices pratiques qui peuvent m'aider à développer ma fonction tertiaire.

## *Travail avec l'inconscient sur la fonction inférieure*

## *Les projections*

Je note les personnes qui provoquent en moi des réactions disproportionnées (attrait ou répulsion exagérés).

(Voir la liste établie dans l'exercice n° 9 sur la fonction inférieure)

**En face de chacune de ces personnes**
(Vous aurez sans doute besoin d'utiliser des feuilles supplémentaires)

- j'écris la raison apparente pour laquelle cette personne m'irrite ou m'attire particulièrement.

> *Par exemple : « X me fait des reproches parce qu'il n'est jamais content ».*

- je transcris chacune de ces phrases à la forme pronominale en me réappropriant tous les éléments comme s'ils étaient à moi.

> *Suite de l'exemple : « Je me fais des reproches parce que la partie de moi que représente X n'est jamais contente ».*

Vous n'êtes pas en train de nier le fait sans doute réel que X vous fasse des reproches et qu'il ne soit jamais content. Vous employez une méthode de travail pour comprendre pourquoi cela vous irrite tellement que X vous fasse des reproches.

La phrase ainsi réécrite peut prendre un sens particulier pour vous, vous éclairer sur un aspect de votre comportement. Tant mieux, c'est le but ! Elle peut aussi ne rien vous dire. Ne cherchez pas à trouver un sens à tout prix. Vous y reviendrez plus tard.

- je cherche quelle personne rencontrée antérieurement ou quelle situation « X » me rappelle.

> *Suite de l'exemple : X peut me rappeler ma mère (ou mon père, ou un professeur...) qui avait un comportement analogue (ou à qui X ressemble physiquement, ou toute autre raison) et que j'ai fini par intérioriser.*

- je fais la part des choses entre ce qui provient réellement de « X » et ce qui relève de moi.

- je remercie (mentalement) « X » de ce qu'il m'a appris sur moi.

### *Les rêves*

J'ai un cahier dans lequel je consigne mes rêves.

Je mets à la tête de mon lit du papier et un crayon pour noter les éléments principaux de mon rêve.

J'écris sur mon cahier les rêves de la nuit.

Je réécris le même rêve à la forme pronominale et en m'appropriant tous les éléments du rêve comme des parties de moi.

Voir l'exemple donné dans le Chapitre 4.

### *L'imagination active*

Le mode d'expression qui me convient est :

Des suggestions sont données dans le Chapitre 4.

Je consacre un certain temps, de façon répétée, à l'activité que j'ai choisie :

Chapitre 5.

# DONNER UN SENS

## *Des âges de la vie aux âges de l'humanité*

### De l'individu à la société

A quoi sert le travail ardu que nous venons d'évoquer ? Pourquoi lutter avec l'ange, se démettre la hanche ? Qu'apporte la bénédiction de cet inconnu ?

Quelques réponses au niveau individuel :

— se sentir mieux, quand la souffrance psychique est devenue trop grande et que seul le travail sur soi permet de recommencer à marcher sur ses deux pieds ;

— vivre mieux, quand l'insatisfaction gagne et que l'on cherche ce qui, de l'autre côté du miroir, pourrait magnifier l'apparente insignifiance du quotidien ;

— habiter dans la lumière, quand ayant hissé la tête hors de la caverne, il paraît impossible de retourner dans la pénombre.

Toutes ces réponses, et quelques autres du même type, sont vraies. Mais ne peut-on aller plus loin ? N'y a-t-il pas un sens plus global derrière le sens individuellement donné à la découverte de soi, au-delà du processus d'individuation de chacun ? Nos démarches personnelles sont-elles isolées, même si par moments elles se croisent, ou bien ont-elles un sens commun ?

En d'autres mots : y a-t-il un sens qui dépasse, ou transcende, les démarches individuelles ? Où et comment le trouver s'il existe ? Et comme Einstein demandant qu'on lui définisse ce qu'est Dieu avant de répondre s'il y croyait, quel peut bien être ce sens ?

Nous proposons ici une hypothèse de travail : la question du sens s'est posée différemment au cours de l'évolution de l'humanité ; cette évolution peut se lire de la même manière que pour un individu, comme l'activation successive des différentes fonctions. A chaque étape, c'est un travail bien spécifique qui attend l'humanité, en rapport avec la fonction alors prédominante. Ce travail prend tout son sens dans la continuité de l'évolution. Et la réponse à la question de ce qu'il en est pour nous, humains du début du XXI^e siècle, ne peut être donnée que par rapport à l'étape dans laquelle nous nous trouvons.

Il s'agit donc d'un saut — assez gigantesque, avouons-le — de l'ontogenèse à la phylogenèse, de l'histoire individuelle à l'histoire collective. Pour garder à cette hypothèse sa crédibilité, il convient d'en préciser le cadre :

— Le monde dont nous parlons est essentiellement le monde occidental, à savoir la civilisation qui a émis ses premiers balbutiements il y a environ 100.000 ans en Europe, s'est développée pour une bonne part autour du bassin Méditerranéen, a pris pied en Amérique du Nord il y a 500 ans pour en faire sa zone d'expansion et se trouve être depuis quelques siècles dans un rapport de domination avec les autres cultures. Si nous avons choisi ce fragment d'humanité, c'est tout simplement parce que c'est celui que nous connaissons, celui dont nous sommes issus et auquel nous appartenons. Nous souhaitons que des analyses semblables soient menées dans d'autres contextes pour promouvoir d'enrichissantes comparaisons.

— Les évolutions dont il va être question sont dessinées à grands traits. Pour qu'apparaisse la forêt, il faut délibérément ignorer les arbres. Le risque est alors celui de l'excès de simplification. Courons-le en prenant garde de n'y point tomber ; ce pourquoi nous choisirons des exemples variés.

— Parler d'activation d'une fonction à une époque de l'histoire de l'humanité ne signifie pas que cette fonction n'existait pas avant et ne sera plus utilisée après. L'activation d'une fonction est le moment où une fonction déjà existante mais non pleinement développée prend toute son ampleur. De la coulisse, elle monte en scène. Ou bien encore, imaginez que les fonctions sont d'abord à l'état d'esquisses, comme des silhouettes qui n'ont encore ni détails ni couleurs. A tour de rôle, chacune va se développer, prendre tout son relief. La silhouette mise en forme ne retourne pas à l'état de brouillon. Elle rejoint les dessins achevés, si tant est qu'ils le soient jamais.

— L'activation historique d'une fonction ne sous-entend pas que les humains de la période considérée aient comme dominante cette fonction. Nous parlons d'une caractéristique globale, et non pas de la somme ou de la moyenne des individus d'une époque.

— La notion d'époque, ou de phase d'activation d'une fonction, doit être comprise avec une très grande souplesse. Nous avons déjà indiqué au plan individuel que les étapes de la vie étaient des ordres de grandeur, très variables d'un individu à l'autre. Cela est d'autant plus vrai pour l'humanité, même ramenée à son bassin méditerranéen ! Les limites de temps ne sont pas clairement définissables : chaque période commence à la précédente et se poursuit à la suivante. On peut simplement constater qu'à un moment donné les signes avant-coureurs deviennent nuées et que celles-ci se constellent au bout d'un certain temps de nouveaux éléments.

### L'humanité serait-elle ESFP ?

Notre hypothèse est que l'ordre historique d'activation des fonctions serait : Sensation, Sentiment, Pensée, Intuition, avec alternance Extraversion/Introversion en commençant par l'extraversion. Au plan individuel, ce scénario de développement correspond au type « ESFP ». Parler du type psychologique de l'humanité nous paraît cependant être une figure de style...

Deux remarques avant de développer plus avant ce schéma :

*Evolution de l'humanité, évolution du cerveau*

Nous avons élaboré notre hypothèse à partir d'observations, sans chercher à appliquer un schéma a priori. Or l'ordre d'activation des fonctions que nous relevons correspond au modèle de développement cérébral, tel qu'il a été proposé par McLean qui distingue trois étages : le cerveau reptilien primitif, le cerveau limbique, siège des émotions et le neocortex des mammifères supérieurs qui s'est particulièrement développé chez

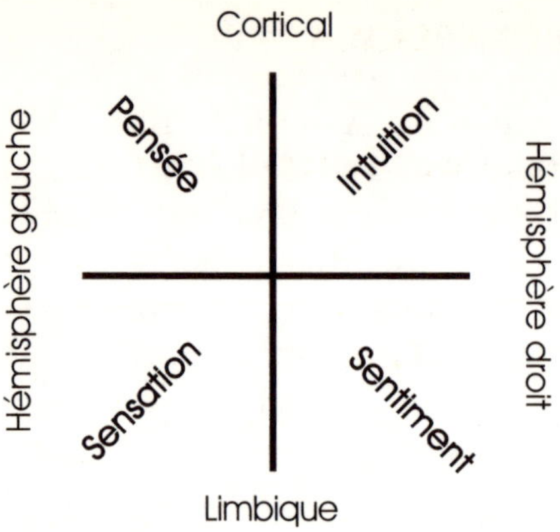


l'homme. Cette théorie a été combinée par Ned Hermann[1] avec celle issue des travaux du Professeur Sperry sur les deux hémisphères, droit et gauche, du cerveau. Le graphique ci-dessus résume la correspondance entre cette approche et les fonctions jungiennes.

Les fonctions Sensation et Sentiment sont associées au cerveau limbique, plus ancien, les fonctions Pensée et Intuition au cerveau cortical, plus récent. Ceci s'accorde avec notre hypothèse, selon laquelle les fonctions Sensation et Sentiment ont été les premières à s'activer. Le développement de l'homme individuel (ontogenèse) et le développement de l'humanité[2] (phylogenèse) présentent ainsi des éléments homologues, qui se correspondent d'un ensemble à l'autre. Homologie n'est cependant pas similitude. Il conviendra de se rappeler sans cesse qu'un ensemble d'hommes n'est pas une unité organique de plus grande taille mais l'interaction de personnes autonomes.

*Extraversion et introversion aux différents âges*

Les caractéristiques d'extraversion et d'introversion au niveau où nous nous situons sont souvent difficiles à cerner : sur un corps aussi vaste que l'humanité, les manifestations d'une fonction présentent rapidement un caractère institutionnel, généralisé, proche de l'extraversion. Ce que nous chercherons à comprendre dans chaque cas, c'est plus la nature du processus déclencheur (introverti ou extraverti) que les caractéristiques de la fonction en pleine maturité, le plus souvent alors extravertie.

1. Herrmann Ned - *Les dominances cérébrales et la créativité* - Retz Paris 1992
2. Par mesure de simplification, nous ne préciserons pas à chaque fois que nous parlons de l'humanité dans le sens limité que nous avons indiqué plus haut. Le lecteur voudra bien garder cette restriction présente à l'esprit.

## Le cycle d'activation des fonctions

### *La maîtrise de l'environnement : l'activation de la sensation*

**L'homme et l'outil**

Il est significatif que ce que nous connaissons de nos plus lointains ancêtres, leurs ossements mis à part, soit leurs outils. Peinture, et *a fortiori* écriture, apparaîtront plus tard. La première trace de l'activité humaine, c'est le silex taillé. En l'état actuel des connaissances paléontologiques, le premier homme est désigné par le terme « homo habilis » ; c'était il y a un peu plus de deux millions d'années. Son cerveau était petit, le tiers du nôtre environ ; mais il savait qu'en frappant un silex avec une autre pierre servant de percuteur, il fabriquait un éclat tranchant qui lui servait ensuite à dc multiples usages.

L'importance du silex taillé dans la vie de nos ancêtres est telle qu'André Leroi-Gourhan a proposé de mesurer le progrès technologique de l'humanité en calculant la longueur de tranchant que l'homme était capable de débiter dans un kilogramme de silex. L'évolution se présente comme suit[1] :

— La capacité « technologique » des préhumains est mal connue. Cependant des éclats de pierre se trouvent dans les terrains de même ancienneté que « Lucy », l'australopithèque d'Afrique âgée de 3,3 millions d'années. En ce sens, l'outil a précédé l'homme.

— Notre plus lointain ancêtre humain connu est *l'homo habilis* ; il apparaît il y a environ 2,4 millions d'années. Son volume crânien est de 500 $cm^3$. Il est capable de fabriquer 10 cm de tranchant dans un kilo de silex.

— Après lui vient *l'homo erectus*, l'homme debout ; son apparition remonte à 1,3 million d'années. Sa boite crânienne (800 $cm^3$) abrite un cerveau plus important. Il lui faudra cependant longtemps pour améliorer le score ; il produira 40 cm au kilo 500 000 ans avant notre ère[2].

---

1. Voir notamment Yves Coppens - *L'homme descend de deux catastrophes* - *Libération* décembre 1991 - N° Hors Série « Objectif science » pages 11 & 13.
2. Ces trois premiers ancêtres, de par leur lieu d'origine, débordent quelque peu des limites « occidentales » de notre hypothèse.

— Le premier *homo sapiens*, dont le volume crânien augmente considérablement (1 200 $cm^3$) ne fera pas beaucoup mieux ; il faudra attendre la deuxième vague d'homo sapiens, vers 50 000 ans, pour voir apparaître un saut de productivité : 2 mètres de tranchant au kilo, puis la troisième génération qui produit 20 m au kilo il y a 20 000 ans. La taille du cerveau est alors proche de la nôtre, environ 1 500 $cm^3$.

— Et vient enfin *l'homo sapiens sapiens*, dont l'homme de Cro-Magnon est le plus illustre représentant. Son origine remonte à environ 100 000 ans[1]. Il produira 70 mètres au kilo vers 10 000 ans avant notre ère. Après, il abandonnera le silex pour des matériaux plus variés, sauf à utiliser à nouveau le silicium... pour la fabrication de ses puces informatiques. On verra alors que spécialiste de l'outil, il reproduira le même processus en fabriquant des ordinateurs aux capacités de plus en plus grandes pour un volume de plus en plus petit.

L'histoire de l'humanité « primitive » est ainsi une histoire de l'outil. Au départ l'évolution biologique va plus vite que l'évolution technologique : 2 millions d'années pour gagner 30 cm au kilo alors que le cerveau passe de 500 à 1200 $cm^3$. Mais la tendance va s'inverser : 50 mètres en 10 000 ans[2] pour un volume crânien similaire !

Que l'outil soit la marque distinctive des premiers hommes n'a rien qui puisse nous étonner : en interaction constante avec l'environnement pour assurer ses besoins les plus élémentaires de survie, manger, s'abriter, notre ancêtre vit dans le quotidien, dans l'adaptation immédiate aux événements pour en tirer le meilleur parti. Si la nature ne l'a pas doté d'outils puissants, griffes, mâchoires, elle lui a en revanche accordé la faculté de les créer. Sens aigu de l'observation, capacité à manipuler les objets, sont ses marques distinctives. Elles sont aussi celles de la Sensation extravertie : sens de la réalité, maîtrise de l'environnement fondée sur des données objectives. Et si l'on veut pousser l'analyse un peu plus loin, rappelons que l'habileté en matière d'outils est une des caractéristiques principales du tempérament « SP ».

---

1. Nous suivons ici l'hypothèse selon laquelle « sapiens » et « sapiens sapiens » ont pu coexister sur une période de 60 000 ans.
2. En comparant la meilleure performance du « sapiens » avec celle du « sapiens sapiens ».

**Les enfants de la terre**

Il est évidemment difficile de reconstituer le fonctionnement psychique de nos lointains ancêtres puisque nous n'en avons pas de traces écrites. Nous ne pouvons que nous livrer à des conjectures. Trouver la « fonction historiquement dominante » est délicat, d'autant que l'homme « préhistorique » était probablement moins différencié que nous ne le sommes et faisait sans doute plus spontanément que nous appel à l'ensemble des fonctions puisqu'il avait à résoudre seul l'ensemble des questions. Dans une petite communauté (20, 30 personnes), la spécialisation ne peut jamais être très développée.

Collectivement cependant, la Sensation paraît bien être la fonction de base des origines de l'humanité technicienne que nous sommes devenus. Sans l'exercice constant de la Sensation, qui est la fonction du réel, nous n'aurions pas survécu, ou en tout cas pas de la même manière. Ce n'est pas un hasard si les paléontologues ont appelé les premiers hommes « habilis » ou « faber » (fabricant). Et si les textes n'existent pas, les reconstitutions romancées peuvent en fournir des images. Le best-seller de Jean Auel, *Les enfants de la terre,* est à cet égard une mine inépuisable[1]. On y voit l'héroïne, Ayla, en interaction constante avec son environnement, créant des outils nouveaux, toujours à partir d'observations concrètes et pour répondre à des besoins précis, jamais de façon théorique ou générale, ce qui serait la marque de l'Intuition.

En voulant tailler un silex, Ayla a pris par erreur une pyrite de fer à la place de la pierre qui lui sert habituellement de retouchoir. Une étincelle jaillit sur de l'herbe sèche qui brûle quelques instants. Surprise, Ayla reprend point par point le processus qu'elle a suivi et décide d'expérimenter :

> *« Tenant toujours la pyrite de fer dans la main droite, elle saisit de la main gauche l'éclat de silex. Puis elle cogna les deux pierres l'une contre l'autre. Rien ne se produisit. Elle recommença pourtant à les cogner l'une contre l'autre, plus violemment que la première fois. Elle vit alors une étincelle jaillir. Et soudain elle eut une idée. Une idée qui lui fit un peu peur et l'excita à la fois.*

1. Auel Jean - *Les enfants de la terre* - Collection Omnibus, Presses de la Cité - Paris 1991 pour l'édition française.

*Elle posa avec précaution les deux pierres sur la peau qui recouvrait l'os de pied de mammouth et réunit les matériaux qui lui servaient à faire du feu : le tas d'herbes sèches, quelques écorces et du petit bois. Quand elle fut prête, elle reprit les deux pierres et les frotta l'une contre l'autre tout près de l'herbe. Une étincelle jaillit, puis mourut aussitôt. Ayla recommença à frapper sous un angle différent. Elle aperçut une étincelle qui, après être retombée à peu près au centre du tas, roussit quelques herbes et laissa échapper un filet de fumée. Le feu s'éteignit aussitôt. Mais elle était sur la bonne voie. Elle recommença à nouveau et cette fois elle eut de la chance : une brusque rafale de vent fit s'enflammer l'herbe avant qu'à nouveau le feu ne s'éteigne.*

*Pourquoi n'y ai-je pas pensé plus tôt ? se dit-elle. Si je veux que le feu prenne, il faut que je souffle dessus. Elle changea de position et refit une étincelle. Quand celle-ci atterrit en plein milieu du tas, elle se mit à souffler sur les herbes jusqu'à ce qu'une flamme apparaisse. Elle ajouta aussitôt des écorces et du petit bois. Avant qu'elle ne se rende compte de ce qui arrivait, le feu avait pris. »*

La Sensation est à l'œuvre ; elle ne quittera plus la scène, même si les autres fonctions qui l'assistaient dès le départ occuperont chacune à leur tour une place plus visible. Le développement technologique, la maîtrise de la nature, la création continue d'outils et d'objets matériels sont des caractéristiques fondamentales de notre civilisation. Elles en sont en quelque sorte la marque de fabrique, faisant ainsi apparaître la Sensation comme la fonction dominante.

Fonction tellement dominante qu'au cours des siècles il lui arrivera de se développer à l'excès, versant alors dans le matérialisme dont la seule finalité est la conquête matérielle du monde que s'assujettit l'homme : exploitation matérialiste de la terre, course incessante à la satisfaction des besoins matériels, accumulation avide du profit au détriment de plus faibles que soi. Pour le meilleur comme pour le pire, le monde occidental est sous le signe de la Sensation.

## *Le monde enchanté : l'activation du sentiment*

### L'au-delà des choses

Immédiatement après la découverte de cette nouvelle méthode d'allumage du feu, Jean Auel poursuit :

> *« Au moment où la jeune femme tentait de partager (...) la joie qu'elle éprouvait, le soleil perça les nuages et la plage se mit à étinceler. J'ai eu tort de penser que ces pierres n'avaient rien de spécial, songea Ayla. Puisque mon totem m'avait fait cadeau de l'une d'elles, j'aurais dû me douter que ce n'était pas sans raison. Maintenant que je sais à quoi elles servent, je vois le feu qui vit à l'intérieur de chacune d'elles.*
>
> *Après avoir réfléchi à ce qui venait d'arriver, elle se demanda : Pourquoi moi ? Dans quel but mon totem m'a-t-il montré ça ? La première fois, le Lion des Cavernes m'a donné cette pierre pour me dire que mon fils vivrait. Que désire-t-il me faire comprendre maintenant ? »*

C'est poser ainsi la question du sens. Pourquoi tel événement ? Pourquoi le hasard a-t-il permis, favorisé, guidé cette découverte ? Pourquoi suis-je la personne dépositaire de cette découverte ? Quel sens lui attribuer ? Quel usage en faire ?

Après la maîtrise de l'environnement vient l'appropriation subjective de cette maîtrise ; la faculté d'interprétation qui était présente à l'arrière fond avance à son tour sur le devant de la scène. L'*homo sapiens sapiens* se caractérise justement par cette faculté de se distancier de son environnement et de l'action qu'il a sur lui. Il a dans la tête un « interprète », un module de questionnement qui cherche sans cesse à comprendre le pourquoi des choses[1]. Contrairement à ses prédécesseurs, qui se contentaient de transmettre le savoir acquis, il remet celui-ci en question pour y trouver un sens et aller plus loin. Selon la belle expression d'Yves Coppens il va du réflexe à la réflexion.

Nous savons que la recherche de rationalité et de compréhension peuvent s'exprimer aussi bien sur le mode des valeurs personnelles (Sentiment) que sur celui des principes généraux (Pensée). Il nous semble que la première série de tentatives d'explications de l'humanité se situe plutôt dans l'ordre du subjectif, voire même du projectif, que dans celui de la logique abstraite. L'homme cherche le sens caché de ce qu'il constate autour de lui et prête au monde une intention à son égard.

> *« Objets inanimés, avez-vous donc une âme*
> *Qui s'attache à notre âme et la force d'aimer ? »*[2]

Cette recherche de sens au-delà de l'apparence répond à plusieurs besoins.

Celui de mieux agir. Connaître l'au-delà des choses, c'est s'assurer une prise sur elles. Les peintures rupestres, comme une certaine forme de prière, avaient sans doute entre autres buts celui de se préparer à la chasse et de capter par avance l'esprit de l'animal poursuivi. Elles avaient aussi, et ont toujours, une valeur esthétique qui a en soi sa propre finalité.

Celui de comprendre. Les mythes originels que l'on trouve dans toutes les traditions, avec des ressemblances extrêmement élevées d'une culture à l'autre, sont des réponses à cette recherche. Ils établissent un lien entre un monde visible, plein d'incohérences et d'événements difficiles à supporter, et un monde invisible qui le sous-tend et l'explique. D'où les *religions* au sens étymologique : établissement du lien.

---

1. Gazzaniga Michaël - *Le cerveau social* - Robert Laffont 1987.
2. Alphonse de Lamartine - *Milly ou la terre natale.*

Parmi de multiples textes, cette prière au Soleil de l'ancienne Egypte[1] :

*Salut à toi, RA, Grand Dieu,*
*tu tournes sur ton orbite, jamais fatigué !*
*(...)*
*A toi appartiennent le temps sans fin et l'invariable durée,*
*vie et mort sont ton image.*
*Beau de visage, de grande popularité,*
*roi de l'horizon, Seigneur du Mont d'Est !*

*Ta couleur rayonne sur la terre,*
*engravée dans les corps,*
*ta rosée chasse la douleur.*
*Ne disparais pas, ne cesse pas d'apparaître sous de multiples formes !*
*Tu es l'âme qui vis pour une durée invariable.*

*Viens donc en paix, que j'adore ta beauté,*
*que dans ta majesté je fasse part de mon souhait !*
*Puisses-tu faire briller ton éclat sur mon corps, illuminer ma tombe,*
*que ma chair prenne force par l'intervention de ta chair,*
*puisses-tu m'ouvrir les cavernes du royaume des morts*
*et m'ouvrir les ports du monde souterrain,*
*pour que je sorte et entre le cœur large,*
*et que je m'établisse dans le lieu qui me plaît.*

Empathie avec les choses, recherche de finalité, question personnelle posée au sujet par lui-même sur le sens ultime de son action et de son existence : nous sommes en plein dans le domaine de la fonction Sentiment introverti.

### Les choses de l'au-delà

A se poser la question de l'au-delà, l'homme l'entend se manifester. De question personnelle sur la signification de l'univers, la religion devient réponse formelle. Le Soleil éveillait l'esprit de l'homme à la transcendance ; il devient le signe révélateur de l'existence de celle-ci, qui prend le nom de Dieu. « Les

---

1. Cité par Eugen Drewermann in *De la naissance des dieux à la naissance du Christ* - Le Seuil Paris 1992.

cieux racontent la gloire de Dieu, et l'œuvre de ses mains, le firmament l'annonce » (Psaume 19).

Nous entrons dans l'ère des religions révélées : Dieu annonce aux hommes son existence et leur donne le code de bonne conduite qu'ils n'ont pas trouvé par eux-mêmes. Un des textes les plus explicites à cet égard est celui que l'on trouve dans le livre de l'Exode (chapitres 19 & 20) :

> *« Le surlendemain, dès le matin, il y eut des coups de tonnerre, des éclairs et une épaisse nuée sur la montagne, ainsi qu'un très puissant son de trompe et, dans le camp, tout le peuple trembla. Moïse fit sortir le peuple du camp, à la rencontre de Dieu et ils se tinrent au bas de la montagne. Or la montagne du Sinaï était toute fumante, parce que Yahvé y était descendu dans le feu ; la fumée s'en élevait comme d'une fournaise et toute la montagne tremblait violemment. Le son de trompe allait en s'amplifiant ; Moïse parlait et Dieu lui répondait dans le tonnerre. Yahvé descendit sur la montagne du Sinaï, au sommet de la montagne. Yahvé appela Moïse au sommet de la montagne et Moïse monta. (...)*
>
> *Dieu prononça toutes ces paroles, et dit : « Je suis Yahvé ton Dieu, qui t'ai fait sortir d'Egypte, de la maison de servitude.*
> *Tu n'auras pas d'autres dieux devant moi.*
> *Tu ne te feras aucune image sculptée, rien qui ressemble à ce qui est dans les cieux, là-haut, ou sur la terre, ici-bas, ou dans les eaux. »*
>
> Suivent les Dix Commandements ou Décalogue.

En un germe ô combien puissant, ce texte contient les Eglises à venir. Car si le fondement de la religion est subjectif — quel est le sens de ce qui m'arrive ? — son développement est institutionnel. On peut dire que la quête du sens connaît dans l'histoire de l'humanité, au moins occidentale, un double déploiement (ou dévoiement ?) :

— Elle part d'une question intérieure et se donne une réponse extérieure. C'est l'homme qui se pose la question du sens ; mais il cherche une réponse en-dehors de lui comme si les choses devaient répondre à son attente. Le besoin d'explication crée la réponse et la chosifie, ou plus exactement l'hypostasie ; l'homme fait alors du concept élaboré pour résoudre la question une réalité extérieure, une personne physique.

— Elle est d'ordre individuel et se déploie en institution. La quête spirituelle est une aventure intérieure, une question personnelle de compréhension, la recherche d'une solution à l'anxiété individuelle. La religion se développe en rites, prescriptions, organisations et n'hésite pas à utiliser la contrainte sociale sur l'individu récalcitrant.

De ces paradoxes, le christianisme est un exemple particulièrement fort[1]. Le message initial du Christ est libérateur, il se situe hors des normes institutionnelles :

> *« Heureux ceux qui ont une âme de pauvre, car le royaume des cieux est à eux.*
>
> *Heureux les doux car ils posséderont la terre. » (Mathieu chapitre 5, 1 à 12)*
>
> *« Ne vous faites pas appeler « Rabbi », car vous n'avez qu'un Maître et vous êtes tous des frères. N'appelez personne votre Père sur la terre, car vous n'en avez qu'un, le Père céleste. » (Mathieu, 23, 8)*

Et l'Eglise catholique, qui se considère comme le détenteur privilégié (sinon exclusif) de son message, est une institution tout aussi autoritaire, chargée de meurtres et de sang que bien d'autres : Croisades, Sainte (!) Inquisition, sont quelques exemples historiques particulièrement significatifs, pour ne pas entrer dans des querelles contemporaines. Certes, l'Eglise catholique a aussi à son actif des réalisations prestigieuses, une vie monastique profonde, un dévouement admirable aux pauvres et aux souffrants. Mais son évolution montre bien ce qu'il advient du Sentiment introverti quand il s'institutionnalise : l'idéal de vie devient obligation morale, la foi personnelle, religion d'état.

Quoiqu'il en soit des avatars auxquels il sera soumis, le Sentiment est entré dans l'histoire de l'humanité. Pour le meilleur : il suscitera le dévouement aux plus nobles causes ; et pour le pire : il sera la source des plus féroces guerres prétendues saintes.

---

1. Exemple fort mais non isolé. L'Islam pourrait aussi faire l'objet d'une analyse semblable.

## *La conscience et le désenchantement du monde : l'activation de la pensée*

### Du bouillant Achille au retors Ulysse, d'Abraham au Qohélet

Alors que les grandes religions monothéistes naissent et se développent, un mouvement nouveau apparaît. Aucune rupture tranchée, mais plutôt des vagues qui se superposent, se chevauchent, l'une venant mourir sur la plage plus loin que la précédente.

Ce nouveau mouvement c'est celui de l'avènement de la conscience : l'homo sapiens sapiens acquiert la conscience de son savoir et du processus qui y conduit. De la totale immanence, il passe à la distance qui lui permet de porter un jugement extérieur. De purement intérieur à lui-même, l'homme commence à s'auto-analyser. Il devient capable d'être à sa fenêtre et de se regarder passer dans la rue. Ce changement s'amorce au cours du premier millénaire avant Jésus-Christ. Ses causes sont diverses :

— l'agrandissement des royaumes et la multiplication des échanges entraînent la reconnaissance des différences culturelles et effritent l'organisation monolithique de chaque société ;

— l'apparition de l'écriture affaiblit la tradition orale et permet la prise de distance par rapport au texte qui n'est pas simplement répété mais peut être commenté ;

— la conception du temps change ; la capacité à prévoir augmente en même temps que celle de « manipuler ».

De l'Iliade à l'Odyssée, que cent ans au moins séparent dans leurs premières versions écrites, on peut mesurer le saut accompli. Dans l'Iliade, les héros agissent d'une seule pièce, sous l'impulsion des Dieux qui commandent leurs actions. Ce ne sont pas des personnages au sens moderne du mot car ils ne semblent pas maîtres de leur destin ; ils sont agis plus qu'ils n'agissent. Et Achille malgré tous ses rugissements ne fait pas preuve d'une bien grande autonomie de pensée. Il en va tout autrement du retors Ulysse, dont l'histoire est une longue suite de ruses ; sa « duplicité », sa capacité à feindre et à faire croire ce qui n'est pas pour obtenir ce qu'il veut sont la marque d'un esprit indépendant, pour qui les Dieux sont des éléments à prendre en considération et non plus les régisseurs de sa vie.

La Bible dans sa variété nous offre des textes qui traduisent cette évolution. Rappelez-vous l'histoire d'Abraham qui sans se poser la moindre question s'en va sacrifier son fils Isaac car une voix, celle de Dieu, le lui a demandé. Aucun recul, aucun murmure ; Yahvé dit, Abraham exécute. Loin à l'opposé, quelques siècles plus tard, le Qohélet (aussi appelé Ecclésiaste) parle comme l'un de nos contemporains désabusés :

> *« Vanité des vanités, dit Qohélet ; vanité des vanités, tout est vanité. Quel profit trouve l'homme à toute la peine qu'il prend sous le soleil ? Un âge va, un âge vient, mais la terre tient toujours. Le soleil se lève, le soleil se couche, il se hâte vers son lieu et c'est là qu'il se lève. Le vent part au midi, tourne au nord, il tourne, tourne et va, et sur son parcours retourne le vent. Tous les fleuves coulent vers la mer, et la mer n'est pas remplie. Vers l'endroit où coulent les fleuves, c'est par là qu'ils continueront de couler. Toute parole est lassante ! » (Qohélet chapitre 1, 1-8).*

Et que l'on compare deux prophètes, l'un des plus anciens, Amos et l'un des plus récents, Jérémie.

Chez Amos, pas d'hésitation sur sa propre vocation et le châtiment que Yahvé réserve à ceux qui n'écoutent pas son prophète :

> *« Deux hommes vont-ils ensemble sans s'être concertés ?*
> *Le lion rugit-il dans la forêt sans avoir une proie ?*
> *Le lionceau donne-t-il de la voix de sa tanière sans qu'il ait rien pris ? (...)*
> *Sonne-t-on du cor dans une ville sans que le peuple soit effrayé ?*
> *Arrive-t-il un malheur dans une ville sans que Yahvé en soit l'auteur ?*
> *Mais le Seigneur Yahvé ne fait rien qu'il n'en ait révélé le secret à ses serviteurs les prophètes.*
> *Le lion a rugi : qui ne craindrait ?*
> *Le Seigneur Yahvé a parlé : qui ne prophétiserait ? » (Amos, chapitre 3, 3-8)*

Jérémie lui est plein d'angoisses et de doutes :

> *« Tu es trop juste Yahvé pour que j'entre en contestation avec toi.*
> *Cependant je parlerai avec toi de questions de droit :*
> *Pourquoi la voie des méchants est-elle prospère ?*
> *Pourquoi tous les traîtres sont-ils en paix ?*

*Tu les plantes, ils s'enracinent,*
*ils vont bien, ils portent du fruit.*
*Tu es près de leur bouche,*
*mais loin de leurs reins. »*
*(Jérémie, chapitre 12, 1-2).*

Un personnage, à l'aube du VIème siècle avant Jésus-Christ, est l'annonciateur et l'un des meilleurs représentants de cet essor de la pensée : Solon, le sage législateur. Il est le premier à introduire clairement la responsabilité individuelle. Et il en fait découler logiquement l'injonction qui est à la base de toute prise de conscience personnelle : « Connais-toi toi-même ».

**Science et conscience**

La Pensée mise en route va à son tour se développer. Elle le fera dans deux directions : d'une part, elle remettra en cause la structuration religieuse du monde ; de l'autre, elle tentera d'instaurer un ordre rationnel.

En prenant son autonomie, la Pensée bat en brèche les croyances établies. A son filtre critique, les évidences non fondées s'effondrent. De crainte du bûcher, Galilée, prudent, se rétracte. « Mais pourtant elle tourne », dit-il. Pendant des siècles, une dizaine dans l'Occident chrétien, religion et société se

sont confondues. La Religion donnait forme au corps social ; la Papauté était une puissance spirituelle au pouvoir temporel. Et les rois et empereurs fondaient leur pouvoir temporel sur un droit divin. Plus encore, c'est la totalité du système social qui était informé, mis en forme, par l'Eglise.

A partir des XVe-XVIe siècles, la Raison s'émancipe. L'humanité, sans quitter le domaine des croyances subjectives, s'ouvre à celui des principes généraux que les philosophes grecs de la période classique avaient initiés. Peu à peu la société se laïcise ; la Renaissance commence à séparer temporel et spirituel ; le Siècle des Lumières pose les fondements philosophiques et sociaux de l'ordre nouveau que la Révolution Française viendra concrétiser.

Mais avant cela, bien des Socrate boiront la ciguë, ou plus exactement bien des alchimistes, bien des médecins périront sur les bûchers dressés par l'Inquisition. De cette époque charnière où la Pensée s'émancipe malgré le poids intense de l'institution religieuse, Marguerite Yourcenar a tracé dans « L'œuvre au noir » un extraordinaire portrait à travers le personnage de Zénon. Trois citations prises à différents moments de sa vie donnent le sens de sa quête intellectuelle :

> *« Depuis près d'un demi-siècle, il se servait de son esprit comme d'un coin pour élargir de son mieux les interstices du mur qui de toute part nous confine. Les failles grandissaient, ou plutôt le mur, semblait-il, perdait de lui-même sa solidité sans pour autant cesser d'être opaque, comme s'il s'agissait d'une muraille de fumée au lieu d'une muraille de pierre. »*

> *« Frère Zénon, dit le capitaine, je vous retrouve maigre, harassé, hagard et vêtu d'une souquenille dont mon valet ne voudrait pas. Vaut-il la peine de s'évertuer durant vingt ans pour arriver au doute, qui pousse de lui-même dans toutes les têtes bien faites ? — Sans conteste, répondit Zénon. Vos doutes et votre foi sont des bulles d'air à la surface, mais la vérité qui se dépose en nous comme le sel dans la cornue au cours d'une distillation hasardeuse est en deçà de l'explication et de la forme, trop chaude ou trop froide pour la bouche humaine, trop subtile pour la lettre écrite et plus précieuse qu'elle. »*

> *« Vous avez bien perdu votre foi dans la sublime excellence de l'homme, dit (le chanoine) en secouant tristement la tête. On commence par douter de Dieu... — L'homme est une entreprise qui a*

*contre elle le temps, la nécessité, la fortune et l'imbécile et toujours croissante primauté du nombre, dit plus posément le philosophe. Les hommes tueront l'homme »*[1].

Tel est le danger qui menace le développement de la Pensée. Après avoir désenchanté le monde en coupant les liens qui le reliaient à Dieu, elle s'est à son tour posée en absolu. Le culte révolutionnaire de l'Etre Suprême n'était que la parodique annonce de la domination rationaliste qui allait suivre. La Religion s'effaçant en tant qu'organisateur du corps social, la Science allait prendre sa relève. L'humanité passait ainsi du spiritualisme religieux au matérialisme athée dont M. Homais[2] serait la caricature s'il n'existait en un aussi grand nombre d'exemplaires.

« Science sans conscience n'étant », on le sait depuis Rabelais, « que ruine de l'âme », l'homme se retrouve seul face à lui-même. En témoigne Marcel Gauchet[3] :

> « *La société d'après la religion est aussi la société où la question de la folie et du trouble intime de chacun prend un développement sans précédent. Parce que c'est une société psychiquement épuisante pour les individus, où rien ne les secourt ni ne les appuie plus face à la question qui leur est retournée de toutes parts en permanence : pourquoi moi ? Pourquoi naître maintenant quand personne ne m'attendait ? Que me veut-on ? Que faire de ma vie quand je suis seul à la décider ? (...) A quoi bon avoir vécu si l'on doit disparaître sans laisser de traces, comme si, aux yeux des autres, vous n'aviez pas vécu ? Nous sommes voués à vivre désormais à nu et dans l'angoisse, ce qui nous fut plus ou moins épargné depuis le début de l'aventure humaine par la grâce des dieux.*
>
> *La mort de Dieu, ce n'est pas l'homme devenant Dieu, se réappropriant l'absolue disposition consciente de lui-même qu'il lui avait prêtée ; c'est l'homme expressément obligé au contraire de renoncer au rêve de sa propre divinité. C'est quand les dieux s'éclipsent qu'il s'avère réellement que les hommes ne sont pas des dieux.* »

---

1. Marguerite Yourcenar - *L'oeuvre au noir* - Gallimard - Paris 1968. Edition Folio, pages 234, 143 & 419.
2. Le pharmacien de *Madame Bovary,* qui se caractérise par son scientisme étroit.
3. Marcel Gauchet - *Le désenchantement du monde* - Gallimard NRF - Paris 1985, pages 302 & 291.

C'est à ce stade qu'en est l'humanité. Pour le meilleur : en ayant acquis la distance critique nécessaire pour rejeter les réponses extérieures à la question du sens. Pour le pire : l'arrogance scientiste ou le désespoir né de l'angoisse.

La question du sens s'est retournée vers son auteur ; il n'y a pas de transcendance extérieure qui apporte une réponse dans l'ordre de la Foi ou de la Science. Vient alors la quatrième étape, qui s'ouvre devant nous.

## *La découverte intérieure : l'activation de l'intuition*

### Cultivez votre jardin

L'histoire de l'humanité telle qu'elle nous apparaît a débuté avec une fonction de perception, la Sensation : prise de contact avec le monde qui entoure l'homme, monde dont il est issu, qui le façonne et qu'il façonne à son tour. Se sont développées ensuite les deux fonctions d'évaluation, le Sentiment qui cherche à donner une finalité, une valeur suprême à l'action de l'homme et la Pensée, qui le renvoie à sa place limitée dans l'univers immense.

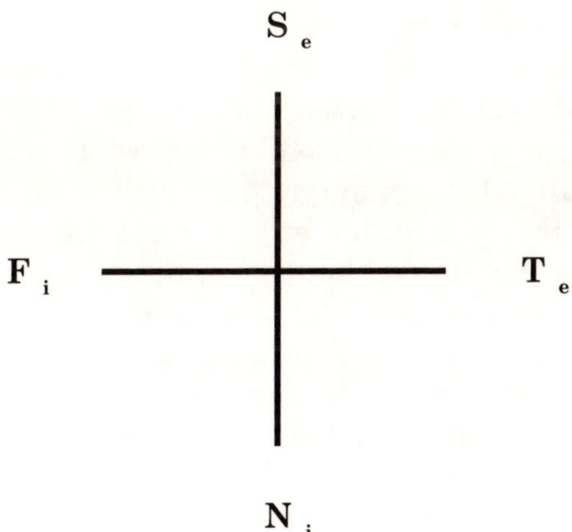


Notons, par égard pour la rigueur de la méthode, que nous n'avons nullement cherché à appliquer arbitrairement la croix des fonctions à l'histoire de l'humanité (occidentale) ; c'est tout au contraire en essayant de comprendre celle-ci que s'est dégagé un plan dont nous avons constaté qu'il correspondait à celui de la dynamique des fonctions. Si donc les trois premières étapes correspondent bien au schéma ci-contre, nous pouvons sans risque « prédire » la quatrième étape, celle dans laquelle nous entrons aujourd'hui : l'activation de l'intuition introvertie.

C'est en lui-même que l'homme doit trouver la réponse à ses questions. Tel Candide après ses voyages, il lui faut cultiver son jardin intérieur pour y trouver les réponses qu'il est allé chercher ailleurs. Non pas que les voyages aient été inutiles, bien au contraire. C'est enrichi de son expérience et de son savoir que l'homme peut commencer à chercher en lui-même. Brûler les étapes aurait été dangereux ; c'eût été risquer de sauter naïvement dans l'utopie.

De cette nouvelle phase du développement de l'humanité, nous pouvons observer les signes avant-coureurs.

Ils sont d'ordre scientifique : que ce soit en biologie ou en informatique, l'homme découvre et invente des langages. C'est par le traitement de l'information qu'il accède maintenant à la maîtrise du monde, et non plus par son action directe.

Ils sont d'ordre philosophique : le structuralisme, l'approche systémique nous ont appris à penser plus en termes de relations qu'en termes d'éléments juxtaposés, ce qui est la marque distinctive de l'intuition.

Ils sont d'ordre interculturel : l'Occident qui au cours des derniers siècles a dominé, voire écrasé, de nombreuses cultures, subit en retour leur fascination et y découvre à maturité des valeurs qui sont chez lui balbutiantes. Il serait instructif à cet égard d'étudier la dynamique d'évolution, en termes de fonctions, des cultures orientales et de voir si leur cycle ne serait pas symétrique du nôtre. Peut-être notre fonction inférieure, l'Intuition est-elle leur fonction dominante que nous cherchons à prendre pour modèle, alors qu'eux-mêmes cherchent à acquérir la maîtrise matérielle de l'environnement (Sensation) que nous développons depuis si longtemps.

Ils sont d'ordre spirituel : tout le renouveau en ce domaine, qu'il relève du « nouvel âge » ou du mouvement « charismatique », s'appuie sur la découverte du « guide intérieur » ou l'illumination par l'Esprit — la troisième personne trinitaire.

Ils sont enfin d'ordre psychologique : la psychanalyse, la psychologie des profondeurs, les différentes approches thérapeutiques traduisent l'effort de l'homme pour se mieux comprendre. Et c'est ici, bouclons la boucle après ce très long détour, que prend son sens la démarche de connaissance de soi que nous avons développée dans les quatre premiers chapitres de cet ouvrage.

**Le travail intérieur**

Le développement personnel, est ainsi à nos yeux la forme que prennent en ce début de XXIe siècle la recherche du sens, la quête spirituelle. Le Graal n'est pas à l'extérieur, il est en nous. La transcendance de l'homme, si elle existe, est paradoxalement à trouver dans l'homme. Ce qui est transcendant est immanent. Une ancienne légende hindoue le dit admirablement :

> *Au début du monde, après avoir créé l'homme, les Dieux se dirent : « Où allons nous cacher le sens de ce que nous avons fait ? Car s'il est visible, l'homme le connaîtra, et il deviendra notre égal ». L'un dit : « Cachons-le au plus haut d'une montagne. » — « Mais non, l'homme est trop aventureux, il regardera comment font les oiseaux et il volera au sommet de la montagne ». « Alors, » dit un autre, « cachons-le au fond des océans. » — « Mais non, l'homme observera les poissons et explorera le fond des mers ». Un long silence s'ensuivit. Alors le plus ancien et le plus expérimenté des Dieux dit : « Si vous voulez que l'homme ne trouve pas le sens de l'univers, enfouissez-le dans l'endroit le plus proche de lui où il ne pensera jamais à regarder : son cœur ». Et depuis ce temps, les Dieux attendent que les hommes deviennent leurs égaux.*

Mais il faut se garder des dérives de l'intuition, qui, comme les autres fonctions, peut être dévoyée. L'un de ses dangers est l'irréalisme : l'utopie est utile si elle fondatrice de l'action ; elle est dangereuse si elle entretient l'illusion. Un autre risque est celui de ce que Jung a appelé « l'inflation de l'ego » : sentiment de gratification personnelle entraîné par l'auto-admiration de ses propres progrès. Voyez comme je suis bien développé !

C'est pourquoi la connaissance de soi est non seulement un travail, mais une ascèse. Le jardin intérieur est parfois un paisible verger où l'on cueille des fruits bien mûrs en se promenant dans la douce brise du soir. Il est aussi une lande en friche, un promontoire rocailleux et battu des vents, un ravin sauvage où coule un torrent grondant, un passage obscur aux arbres torturés. S'y rendre nécessite cartes et boussole, vêtements pour toutes saisons ; et un guide expérimenté est à recommander dans les passages difficiles.

Dans cette phase qui s'ouvre pour chacun de nous et pour nous tous en tant que collectivité humaine, deux écueils semblent particulièrement à éviter :

— porter un jugement hâtif sur la démarche et ses résultats : l'Intuition est une fonction de perception, non une fonction de jugement. Il faut se mettre à son écoute, patiemment, sans chercher à évaluer. Etre à l'écoute de soi n'est pas aisé. Nous avons en nous de nombreux filtres, de nombreuses distorsions. Il importe de lever les voiles les uns après les autres, sans préjuger du résultat.

— passer trop rapidement de la phase initiale « introvertie » à la phase institutionnelle « extravertie ». Le travail intérieur est intérieur, ce n'est pas un « discours sur ». Ecrire un livre sur le sujet est déjà en soi un paradoxe, constamment présent à notre esprit.

> *Si tu regardes le dedans comme un dehors, tu fais du dedans un dehors*[1].

**Et après ?**

Nul ne sait ce que peut durer cette période de l'humanité : quelques centaines, quelques milliers d'années ? En ce domaine, il n'est que de vivre. Nous sommes les acteurs et les auteurs du scénario, nous ne pouvons en lire la suite nulle part.

En revanche, nous savons que le franchissement de cette étape n'est pas la fin du parcours. Car c'est alors, dans la bonne hypothèse, que l'humanité sera à même de commencer à prendre réellement en charge son destin, capable de maîtriser chacune des fonctions sans s'identifier à une seule d'entre elles. La mauvaise hypothèse serait que n'ayant rien appris et tout oublié, nous nous livrions aux excès de chacune sans en maîtriser réellement aucune !

---

1. Koan zen.

Tel est bien le défi qui nous est adressé, individuellement et collectivement. Il y a cinq siècles, Pic de la Mirandole le formulait déjà[1] :

> *Je ne t'ai donné ni visage, ni place qui te soit propre, ni aucun don qui te soit particulier, ô Adam, afin que ton visage, ta place, et tes dons, tu les veuilles, les conquières et les possèdes par toi-même. Nature enferme d'autres espèces en des lois par moi établies. Mais toi, que ne limite aucune borne, par ton propre arbitre, entre les mains duquel je t'ai placé, tu te définis toi-même. Je t'ai placé au milieu du monde, afin que tu puisses mieux contempler ce que contient le monde. Je ne t'ai fait ni céleste ni terrestre, mortel ou immortel, afin que de toi-même, librement, à la façon d'un bon peintre ou d'un sculpteur habile, tu achèves ta propre forme ».*
>
> *Oratio de hominis dignitate*

1. Cité par Marguerite Yourcenar, en exergue de *L'œuvre au noir*.

# TYPES ET TEMPÉRAMENTS

# LES 16 TYPES

Le MBTI est construit sur 4 dimensions principales, qui sont chacune définies par deux pôles opposés :

- l'orientation de l'énergie : Extraversion (E) ou Introversion (I)
- les modes de perception : Sensation (S) ou Intuition (N)
- les critères de décision : Pensée (T) ou Sentiment (F)
- le style de vie : Jugement (J) ou Perception (P)

La combinaison de ces huit préférences aboutit à 16 caractères types, désignés par les quatre lettres représentant le pôle préféré de chacune des dimensions. Ces 16 types ne prétendent pas réduire la nature humaine à une étiquette ; chacun de nous est unique. Leur intérêt est de servir de point de repère, de pôle de référence, pour trouver quelques grands axes communs dans le maquis des différences. Ils sont communément présentés dans une «table des types».

| | | | |
|---|---|---|---|
| I**S**TJ | I**S**FJ | I**N**FJ | I**N**TJ |
| IS**T**P | IS**F**P | IN**F**P | IN**T**P |
| E**S**TP | E**S**FP | E**N**FP | E**N**TP |
| ES**T**J | ES**F**J | EN**F**J | EN**T**J |

Pour chacun des 16 types, nous avons dressé un portrait qui en donne les caractéristiques essentielles : atouts, faiblesses potentielles, dynamique. Quelques remarques préliminaires :

☞ *Une personne n'appartient qu'à un type mais à l'intérieur d'un même type, il existe évidemment de nombreuses différences d'un individu à l'autre. Il y a à cela des raisons propres au MBTI : variation de l'intensité des préférences, différence dans le développement du type (voir chapitre 4 de la partie I). Il y a aussi des raisons qui ne relèvent pas du MBTI : celui-ci explique certes beaucoup de choses, mais n'a aucunement l'ambition de rendre compte de la totalité de la nature humaine et de l'ensemble des différences entre les hommes.*

☞ *La description de chaque type correspond à ce qu'ont tendance à faire habituellement les personnes de ce type lorsque leurs préférences sont claires sur les quatre dimensions et que leurs fonctions sont différenciées. C'est dire qu'il s'agit là de portraits archétypiques dans lesquels chacun se reconnaîtra plus ou moins. Le but n'est pas de pratiquer un art divinatoire mais de donner des éléments de référence qui permettent de mieux se situer.*

☞ *Les 4 lettres de chacun de ces 16 types indiquent nos préférences, et par conséquent ce qui nous est le plus naturel. Cela ne veut pas dire, bien au contraire, que l'ensemble de notre personnalité se limite à cet aspect. Toutes les attitudes et fonctions sont à notre disposition, y compris celles dont nous sommes peu ou pas conscients et qui n'en influencent pas moins notre comportement. C'est pourquoi, pour chacun des portraits, nous indiquerons non seulement les lettres qui le caractérisent, mais nous ferons aussi figurer la croix des fonctions ainsi que leur ordre (dominante, auxiliaire, tertiaire, inférieure) et leur orientation (extravertie ou introvertie). Ceci permet en outre de dépasser le stade purement descriptif pour tracer des axes de développement.*

☞ *Nous indiquerons pour chaque portrait :*

- *les 4 lettres du type et la croix des fonctions*
- *les principaux atouts, tels qu'ils découlent normalement du bon usage de la dominante, assistée de l'auxiliaire :*
  - *dans la personnalité en général*
  - *dans la vie professionnelle*
- *les faiblesses potentielles :*
  - *celles qui peuvent être dues à l'excès du type, c'est-à-dire à l'utilisation exclusive des fonctions et attitudes préférées, sans laisser de place à leurs opposées*
  - *celles qui peuvent être dues aux manifestations des fonctions inconscientes et notamment de la fonction inférieure*
- *un chemin possible de développement prenant appui sur la tertiaire pour aller vers la fonction inférieure.*

Tels quels, ces portraits sont, répétons-le, une aide à la découverte de soi et non un descriptif de ce qui devrait être.

Les portraits sont classés dans l'ordre des lignes de la table des types, de gauche à droite, en commençant par la ligne du haut.

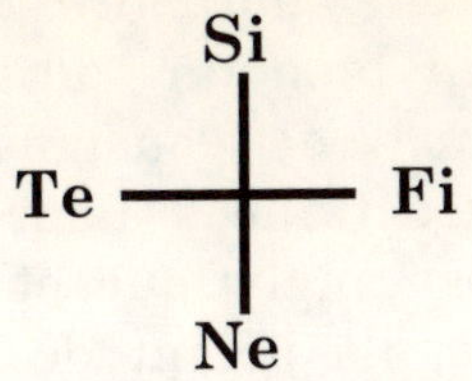


# ISTJ

## PRINCIPAUX ATOUTS

### *Personnalité*

Les ISTJ sont très observateurs : ils notent tout ce qui se passe autour d'eux, les choses, les événements ou les personnes. Ils s'imprègnent des détails, sans réagir extérieurement, ce qui peut leur donner une apparence de lenteur. En réalité leur champ de perception est très étendu et original, car ils sont sensibles aux plus petites variations ; mais ils n'en parlent pas. Ils disposent d'un système de « classement interne » qui leur permet de comparer, trier et retrouver toutes les informations qu'ils recueillent.

Les ISTJ sont calmes, résolus, méthodiques, réservés, stables, organisés. Ils aiment le concret, l'efficace. Ils sont minutieux et appliqués et procèdent dans leur action de façon systématique. Un travail entrepris est toujours terminé, et terminé dans les délais.

Les ISTJ se caractérisent par un sens élevé des responsabilités. Ils tiennent parole et ils sont dignes de confiance : ils font ce qu'ils disent et disent ce qu'ils font. Ce sont des hommes et des femmes de devoir dans tout domaine, personnel, familial, professionnel, social et même dans les loisirs où ils aiment se rendre utiles. Ce sens du devoir, qui prend son origine dans leurs convictions, peut les amener à agir d'une manière qui ne leur est pas naturelle mais qu'ils adoptent volontiers si cela relève de leurs obligations ; c'est ainsi qu'un ISTJ pourra se comporter de façon extravertie dans les fêtes familiales ou les événements sociaux qu'il considérera comme indispensables.

Les ISTJ sont des gardiens de l'ordre ; ils affectionnent les rites et les traditions. Ils aiment bien que les événements prennent place au lieu et au moment prévus et supportent mal les retards. Ils sont prêts à aider les autres et le font d'autant plus volontiers qu'ils en voient l'utilité. Ils n'aiment en général pas agir sans un motif clair et rationnel.

Pour apprendre, les ISTJ aiment bien un cadre structuré, avec des consignes précises et détaillées. Leur démarche est analytique et méthodique ; ils jugent de la qualité de l'enseignement par la rigueur et le souci du détail dont font preuve leurs enseignants.

### *Vie professionnelle*

Les qualités des ISTJ se retrouvent dans leur environnement professionnel : ce sont le plus souvent des travailleurs organisés et méthodiques, qui aiment suivre un plan d'action et respecter les horaires et les délais. Pour les ISTJ le travail vient normalement avant le loisir.

Les ISTJ respectent les règles, les procédures et la hiérarchie et il leur est difficile de concevoir que d'autres ne fassent pas de même. Ils aiment les structures organisées, où il y a une place pour chaque chose (ou personne) et où chaque chose est à sa place.

Ce sont des chefs compétents, rigoureux, logiques, qui savent organiser le travail de leurs collaborateurs, encore qu'il leur soit parfois difficile de déléguer tant ils aiment que l'exécution soit parfaite. Ils mettent en place des systèmes justes de récompense et de punition, leur tendance étant d'ailleurs de prendre un bon résultat comme un dû et de s'exprimer surtout pour critiquer ce qui ne va pas.

On trouve les ISTJ en grand nombre dans les professions de comptables, juristes, auditeurs, banquiers, militaires. Il s'agit là d'exemples donnés à titre indicatif, pour illustrer le type d'activité où les ISTJ se sentent particulièrement à l'aise. Mais il leur est bien évidemment possible de remplir tout autre type d'activité qui les intéresse.

## FAIBLESSES EVENTUELLES

### *Les excès du type*

La faculté d'observation des ISTJ peut les amener à ne plus porter attention qu'aux détails concrets et quantifiables. Ils courent alors le danger de ne plus voir l'ensemble ni les conséquences à long terme de leur action. Ils peuvent ainsi décourager l'innovation autour d'eux au motif qu'elle ne s'appuie pas assez sur des éléments connus.

De même, leur sens de l'organisation peut les conduire à devenir rigides et bureaucratiques. Leur esprit de système peut devenir obsessionnel et les amener à être intransigeants, voire fermés.

### *La fonction inférieure (Intuition extravertie)*

Les ISTJ ont l'intuition extravertie en fonction inférieure ; concrètement, cela signifie que leurs intuitions seront souvent déclenchées par des objets extérieurs, ou des situations, qui leur ouvriront des perspectives inattendues. C'est ainsi que les ISTJ développent souvent un intérêt pour les arts, la poésie, la musique.

Ils auront cependant souvent du mal à expliquer ou transcrire leurs intuitions, car par définition celles-ci viennent de façon globale et synthétique alors que les ISTJ préfèrent s'exprimer de façon analytique et détaillée. Leur fonction dominante peut alors venir s'opposer à ce que leur dit leur intuition ou les conduire à accumuler de nombreux éléments factuels pour justifier ce qui peut leur paraître original ou déviant.

L'intuition peut aussi fonctionner chez les ISTJ de façon parfois capricieuse et incontrôlée, dans un sens alors négatif, en montrant tout ce qui peut aller mal. Ils auront alors tendance à se faire beaucoup de soucis à propos de détails ou à envisager toutes les catastrophes possibles. Ou bien l'intuition en fonction inférieure pourra, en période de stress, se manifester par un soudain manque de sens pratique ou des conduites impulsives, c'est-à-dire tout le contraire du comportement habituel.

## LE CHEMIN DE DÉVELOPPEMENT

Les ISTJ pourront commencer à s'intéresser aussi à leurs propres sentiments et valeurs personnelles. Leur logique et leur sens du devoir peuvent les aider en ce sens, en leur montrant que comprendre ces motivations est aussi efficace. Ils chercheront ainsi à assimiler ce nouveau point de vue, ce qui leur permettra de s'assouplir, indépendamment des règles et des normes sociales auxquelles ils souscrivent. Cette recherche intérieure gagnera à être communiquée à l'extérieur, et les ISTJ apprendront ainsi à prendre en compte leurs sentiments.

Ce faisant, ils seront amenés à explorer de nouvelles possibilités et à fonctionner plus librement et donc à donner à leur intuition le moyen de s'exprimer. Ils pourront pour cela utiliser tous les moyens créatifs, physiques ou intellectuels, qui leur conviendront.

Ils auront alors intérêt à contrôler le moins possible leur intuition et à la laisser s'épanouir comme elle l'entend, même si ce qu'elle évoquera pourra paraître incongru, irréaliste ou inutile. Car ce faisant, ils se mettront petit à petit à l'écoute de leur inconscient.

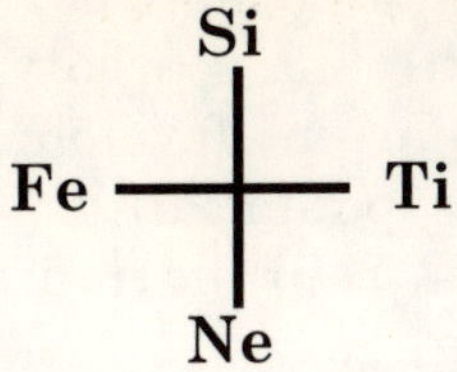


# ISFJ

## PRINCIPAUX ATOUTS

### *Personnalité*

Les ISFJ sont très observateurs : ils notent tout ce qui se passe autour d'eux : choses, événements ou personnes. Ils s'imprègnent des détails, sans réagir extérieurement, ce qui peut leur donner une apparence de lenteur. En réalité leur champ de perception est très étendu et original, car ils sont sensibles aux plus petites variations ; mais ils n'en parlent pas.

Les ISFJ donnent un sens à leur vie par les services qu'ils rendent aux autres. Ils sont connus pour leur dévouement, ce qui peut les conduire parfois à se faire exploiter. S'ils s'en plaignent par moments, ils ont en général du mal à changer cet état de choses, car rendre service leur paraît la priorité.

Les ISFJ aiment l'harmonie et évitent les conflits. Ils souhaitent être acceptés dans les groupes où ils se trouvent et y mettre leurs valeurs en pratique sans pour autant froisser quiconque. Ils sont gentils et attentionnés ; ils expriment leur affection ou leur sympathie par des actes plus que par des paroles. Les ISFJ se posent souvent en «sauveurs» par rapport aux personnes en difficultés, sur le plan matériel ou moral. Ils sont volontiers défenseurs des opprimés.

La maison est le lieu de prédilection des ISFJ. Elle est le château-fort protecteur où ils peuvent construire le monde qu'ils aiment, un lieu de plaisirs et d'activités bien ordonnés, où chacun se sent en sécurité et à sa place.

Les ISFJ font passer le devoir avant le loisir, qu'ils remplacent souvent par d'autres obligations. Ils sont persévérants et méthodiques. Leurs engagements, notamment envers les personnes et en particulier leurs enfants, sont solides, fiables et de longue durée. Les ISFJ respectent les institutions et les règles ; ils ont tendance à conserver l'acquis et ont horreur du gaspillage.

Les valeurs de l'ISFJ ont dans la société occidentale une connotation plutôt féminine ; les hommes de ce type peuvent ainsi avoir des difficultés d'adaptation ou bien se créer par réaction un côté exagérément viril. Il peut aussi arriver qu'une femme ISFJ qui s'écarte du stéréotype, par exemple en développant ses autres potentialités, rencontre la réprobation de son entourage.

Les ISFJ aiment bien que l'enseignement qu'ils reçoivent soit organisé et pratique. Ils se sentent à l'aise quand les instructions sont précises et la tâche clairement définie, beaucoup moins quand il s'agit de débattre d'idées. Une grande partie de leur motivation à apprendre réside dans leur volonté de faire plaisir aux professeurs.

## *Vie professionnelle*

Les ISFJ aiment le travail. Ils s'y montrent méthodiques, minutieux, organisés. Ils gardent longtemps la même situation, estimant que « un tiens vaut mieux que deux tu l'auras ». Ils ont par rapport à leur emploi un lien plus personnel qu'institutionnel et sont plus attachés aux personnes qu'à l'organisation en tant que telle.

Ils aiment l'ordre et préfèrent travailler dans un environnement stable, tranquille, intime. Ils ne commencent une tâche nouvelle que lorsque tout le reste est terminé. Ils sont à l'aise dans les activités connues.

Les ISFJ ne se présentent pas spontanément comme meneurs mais le font quand on le leur demande. Ils attendent alors des autres qu'ils aient le même respect de la hiérarchie qu'eux-mêmes et font preuve d'une grande sensibilité.

Comme dans leur vie en général, les ISFJ aiment que leur travail soit une forme de service concret rendu aux autres. C'est pourquoi on les trouve souvent dans la relation d'aide, donc dans les métiers de la santé, du travail social, de l'enseignement. Il s'agit là d'exemples donnés à titre indicatif, pour illustrer le type d'activité où les ISFJ se sentent particulièrement à l'aise. Mais il leur est bien évidemment possible de remplir tout autre type d'activité qui les intéresse.

## FAIBLESSES EVENTUELLES

### *Les excès du type*

Les ISFJ ont un tel sens du détail qu'ils peuvent en négliger la vue d'ensemble ou les conséquences à long terme. Ceci se manifeste d'autant plus nettement que la charge émotive de la situation est forte.

Leur capacité d'organisation et leur conviction par rapport à leurs valeurs peuvent se combiner pour les rendre inflexibles et rigides.

Leur désir d'être acceptés et leur volonté d'aider peuvent les rendre dépendants. Ils risquent alors d'en être irrités et de projeter leur colère sur ceux qu'ils ont justement voulu aider. S'ils estiment que leur confiance a été trahie ou que des valeurs essentielles ont été bafouées, ils peuvent se montrer cinglants, ou même interrompre brutalement une relation.

### *La fonction inférieure (Intuition extravertie)*

Les ISFJ ont l'intuition extravertie en fonction inférieure. Cela signifie que leur intuition sera généralement déclenchée par des objets extérieurs ou portera sur des objets extérieurs, plus que sur des pensées intérieures. Des activités artisanales ou artistiques sont souvent un bon support pour leur intuition.

Les ISFJ auront souvent du mal à transcrire leurs intuitions puisque celles-ci s'expriment de façon globale et synthétique alors que leur mode de fonctionnement habituel est discursif et analytique. Il peut leur être également difficile d'exprimer ce qu'ils pensent, car faire plaisir aux autres est leur principale priorité.

L'intuition risque de fonctionner chez les ISFJ de façon capricieuse, avec des résultats incertains, tantôt justes, tantôt faux. Elle pourra prendre une connotation négative. Les ISFJ ont ainsi tendance à se faire beaucoup de soucis pour les événements futurs qu'ils ne maîtrisent pas. Ils peuvent alors se montrer « surprotecteurs » pour les personnes qu'ils aiment.

## LE CHEMIN DE DÉVELOPPEMENT

Le développement de leur pensée introvertie sera d'un grand secours pour les ISFJ. Elle leur permettra en effet de faire le tri dans leurs priorités et par conséquent de se faire moins absorber par les demandes de leur entourage. Elle leur permettra également de prendre de la distance par rapport aux institutions à qui ils ont tendance à faire facilement confiance.

L'utilisation de la pensée les amènera aussi à envisager les conséquences logiques de leurs actions et à élaborer des scénarios, en s'appuyant sur les expériences précédentes. Elle pourra servir par là d'introduction à la fonction inférieure.

Les ISFJ utiliseront alors leur fonction inférieure pour imaginer des possibilités et explorer les différentes éventualités du futur. Ils pourront d'ailleurs les noter par écrit et comparer ensuite leurs prévisions avec la réalité et échanger avec d'autres.

Il pourra également leur être utile de se livrer à des activités créatives, dessin, sculpture, modelage, où ils laisseront libre cours à leur imagination, en évitant que leurs fonctions préférées ne viennent corriger leurs inventions pour les rendre plus réalistes ou plus adaptées aux besoins des gens. Ce faisant ils se mettront progressivement à l'écoute de leur inconscient.

Ni

Fe — Ti

Se

# INFJ

## PRINCIPAUX ATOUTS

### *Personnalité*

Les INFJ sont en général très créatifs, en particulier dans les domaines concernant le développement des personnes. Cette créativité n'apparaît pas toujours au premier contact, les INFJ préférant passer par une phase de travail solitaire avant de faire part de leurs idées. C'est ainsi qu'ils pourront sembler en retrait dans un groupe de créativité et revenir le lendemain avec une synthèse claire et originale de ce que le groupe aura émis.

Les INFJ expriment leurs émotions et convictions de façon souvent si ouverte qu'on peut les croire extravertis. Cela joue essentiellement dans les domaines où leurs valeurs sont fortes ; ils peuvent alors intervenir avec détermination, voire obstination, et se comporter en leaders charismatiques. En revanche dans les situations sociales où ils n'ont rien de particulier à dire, ils resteront souvent en retrait.

Les INFJ ont le souci de l'harmonie entre les personnes ; ils y consacreront d'autant plus d'efforts que les conflits sont pour eux une source de tensions et de fatigue qu'ils vivent mal. Un INFJ trouvera parfois plus facile de prendre sur lui et de se « sacrifier » que de voir les autres se battre.

Les INFJ veulent comprendre la finalité de leur vie, connaître le sens des choses. La quête du Graal leur est familière. Le but n'est pas la connaissance en soi mais la recherche du sens tant pour l'individu que pour l'univers, de façon à permettre la transformation de la personne.

Les INFJ sont organisés et méthodiques ; jointes à leur capacité intuitive, ces qualités en font des étudiants qui réussissent avec brio, surtout lorsqu'un facteur humain est en jeu : connaissance de l'homme, application sociale, lien personnel établi avec le professeur.

## *Vie professionnelle*

Les INFJ fonctionnent comme des catalyseurs, plus par influence et exemple que par autorité. Ils travaillent d'autant mieux que ce qu'on leur demande correspond à leurs idéaux humanitaires.

Les INFJ sont particulièrement nombreux dans les professions où leurs qualités d'intuition et de compréhension des personnes sont utiles, par exemple les métiers du conseil, de la thérapie, les ministères religieux. Ils opéreront plus volontiers en face-à-face, dans des relations individuelles. Les situations de groupe ne leur conviendront bien que s'ils ont un rôle spécifique à y jouer, comme enseignant, formateur par exemple, et s'ils ont un message à délivrer. Ils pourront faire alors d'excellents orateurs.

Leur talent est cependant le plus souvent dans l'écriture. Les INFJ utilisent volontiers ce mode de communication, tant d'ailleurs dans leur vie privée que dans leur vie professionnelle, surtout pour les événements importants. Ils peuvent d'ailleurs être écrivains ou écrire autour de leur métier. Il s'agit là d'exemples donnés à titre indicatif, pour illustrer le type d'activité où les INFJ se sentent particulièrement à l'aise. Mais il leur est bien évidemment possible de remplir tout autre type d'activité qui les intéresse.

## FAIBLESSES POTENTIELLES

### *Les excès du type*

Les INFJ peuvent avoir tendance à privilégier la poursuite de l'idéal jusqu'à en oublier la réalité. Cette quête permanente du sens peut les conduire à un état fréquent d'insatisfaction et d'angoisse.

Leur compréhension intuitive des phénomènes humains en fait de parfaits «empathes», c'est-à-dire des personnes qui perçoivent spontanément les sentiments et les émotions des autres. Mais s'ils n'y prennent garde, cette capacité peut se retourner contre eux et ils peuvent être submergés par les émotions des autres.

### *La fonction inférieure (Sensation extravertie)*

La fonction inférieure des INFJ se manifestera fréquemment dans les détails de la vie quotidienne, par des erreurs pratiques, des oublis. Ceci apparaîtra d'autant plus qu'ils auront à traiter beaucoup d'activités matérielles — surtout si elles sont imprévues — ou à fonctionner trop longtemps sur le mode extraverti.

Ils peuvent alors se montrer irritables, déprimés ou au contraire réagir par un excès de précautions et d'organisation. Des détails deviennent ainsi une obsession et les empêchent de garder la vue d'ensemble qui normalement les caractérise.

L'environnement peut prendre à leurs yeux un aspect hostile : le monde est peuplé d'embûches et de chausse-trappes et de personnes qui leur en veulent. Les INFJ peuvent se comporter alors de façon très irrationnelle et se sentir persécutés.

Enfin leur sensation inférieure extravertie peut les amener par moments, en particulier vers le milieu de la vie, à des débordements sensuels tout à fait discordants par rapport à leur mode de vie habituel ou à leurs valeurs.

La pensée logique et impersonnelle sera le meilleur critère pour permettre aux INFJ d'établir une barrière entre leurs propres sentiments et les sentiments des autres qui pourraient les envahir. Elle leur permettra également de se convaincre de la nécessité de soumettre leurs idées à l'épreuve de l'expérience, ce qu'ils ne feraient pas naturellement. L'exercice de la logique, le recours à la démonstration sont donc des étapes indispensables.

Les INFJ pourront ensuite aborder leur fonction inférieure, la sensation. Ils le feront dans les meilleures conditions s'ils peuvent se situer dans un environnement calme et harmonieux. Une des meilleures démarches sera pour eux l'apprentissage régulier d'un savoir-faire précis, impliquant des modalités concrètes de mise en oeuvre. Ce peut être une activité manuelle régulière, poterie, tissage, bricolage, l'apprentissage d'un instrument de musique ou tout ce qui peut mettre en oeuvre la sensation dans le monde extérieur.

Ce faisant, les INFJ acquerront une plus grande confiance en eux et un contact plus précis avec le monde, qui leur permettront de poursuivre leur quête du sens.

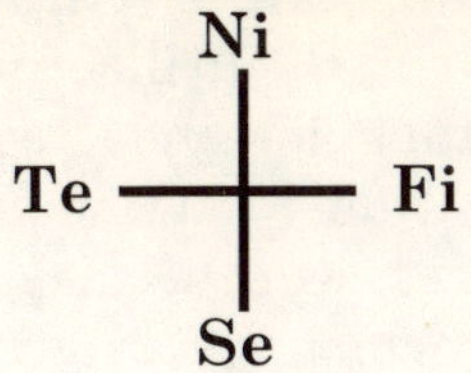


# INTJ

## PRINCIPAUX ATOUTS

### *Personnalité*

Les INTJ sont particulièrement indépendants ; ils sont essentiellement guidés par leurs convictions personnelles et cherchent à les réaliser sans se laisser détourner de leurs buts. Ils ont une grande confiance en eux-mêmes ; la contradiction doit être solidement argumentée pour qu'elle ait sur eux de l'influence.

Ce sont des innovateurs qui ne se laissent pas impressionner par les idées reçues ; s'ils acceptent les manières de faire classiques, c'est uniquement quand elles ont prouvé leur efficacité et leur rentabilité. Autrement, les INTJ regardent tout avec un oeil neuf.

Ils ont en eux un objectif d'amélioration permanente sur le plan intellectuel qu'ils appliquent à toutes les situations, personnelles, familiales, professionnelles. Ce qui va bien peut aller encore mieux. Et ce qui va mieux prouve qu'on est sur la bonne voie pour améliorer encore. Ils sont perfectionnistes non par obsession mais par goût de la qualité et souci de la rentabilité. Lorsqu'ils estiment avoir atteint le point où l'amélioration n'est plus possible, ils perdent leur intérêt à la tâche et cherchent un nouveau domaine, si possible plus grand ou plus complexe, où ils pourront exercer leurs talents d'organisateurs.

Pour les INTJ la vision qu'ils ont en eux, le modèle qu'ils ont développé, sont ce à quoi la réalité doit se conformer. La réalité est malléable, elle doit se construire ; les modèles sont là pour être appliqués de façon systématique et se traduire en pratique. Et plus les problèmes sont complexes, plus les INTJ éprouveront de plaisir à élaborer les théories et les modèles qui permettront de les résoudre.

Les INTJ procèdent de même lorsqu'ils doivent apprendre ; ils aiment bien développer leur propre approche des problèmes, en partant des principes universels et en les transformant en théories et modèles. Ils utiliseront pour cela tous les moyens à leur disposition, bibliothèques, conférences, cours, discussions. Leur principale exigence concerne la qualité de ceux de qui les enseignent ; ils s'en détourneront rapidement s'ils ne trouvent pas en eux la compétence qu'ils en attendent.

## *Vie professionnelle*

Les INTJ se distinguent au travail par leurs qualités de concepteurs, de visionnaires, le sens qu'ils ont de l'ensemble de l'organisation et de ses buts à long terme. Cela les prédispose à des postes de responsabilité élevée ; les INTJ se trouvent souvent au sommet de l'entreprise dans laquelle ils travaillent.

Les INTJ ne reconnaissent que l'autorité de compétence ; titre, statut, rang hiérarchique n'ont pour eux guère de signification si leur titulaire ne démontre pas son utilité et son savoir, faute de quoi leur indépendance d'esprit les amènera à n'en tenir aucun compte.

Les INTJ sont de gros travailleurs, pour qui l'activité professionnelle a une grande importance dans la mesure où elle est un lieu adéquat pour appliquer les modèles à la réalité. Ils exigent beaucoup d'eux-mêmes et des autres, le travail bien fait étant à lui-même sa propre récompense.

Ils excellent dans les domaines qui demandent une vision à long terme, l'application de modèles : mathématiques appliquées, technologie, ingénierie. Il s'agit là d'exemples donnés à titre indicatif, pour illustrer le type d'activité où les INTJ se sentent particulièrement à l'aise. Mais il leur est bien évidemment possible de remplir tout autre type d'activité qui les intéresse.

## FAIBLESSES EVENTUELLES

### *Les excès du type*

La fonction rationnelle des INTJ est ce qui apparaît en premier ; elle peut s'exprimer de façon froide et impersonnelle. Les INTJ pourront alors paraître distants, ce qu'ils ne sont pas nécessairement.

Les INTJ risquent d'être excessivement critiques, même dans leurs relations personnelles. Il leur arrive fréquemment d'émettre ce qu'ils pensent être des suggestions mais qui sont reçues par certains de leurs interlocuteurs comme des critiques.

Ils ont également tendance à négliger le point de vue des autres, convaincus qu'ils sont de la force de leur pensée et de la validité de leur vision et de leur raisonnement.

### *La fonction inférieure (Sensation extravertie)*

La fonction inférieure des INTJ est la sensation en extraversion ; cela se traduira habituellement par des lacunes ou des erreurs dans les aspects matériels de l'existence. C'est ainsi que les INTJ pourront développer avec leur vigueur habituelle des intuitions non basées sur l'expérience et sur des faits, et risquent de les maintenir avec obstination, persuadés que leur modèle l'emportera sur la réalité.

Ou alors la fonction inférieure se manifestera de façon éruptive, et les INTJ recueilleront des faits et des chiffres avec obsession, sans nécessairement d'ailleurs les relier à la théorie qu'ils entendent développer.

Leur fonction inférieure peut se manifester ou par excès ou par défaut ; ils risquent alors d'accorder trop ou trop peu d'importance à leur corps et à leurs sens.

Ces manifestations prennent notamment place quand les INTJ doivent, pendant une longue période, porter leur attention sur des détails ou se comporter sur le mode extraverti.

Les INTJ auront d'abord intérêt à prendre davantage les autres en considération. Leur logique leur fera voir le double avantage qu'ils peuvent en retirer : d'une part profiter d'idées nouvelles, d'autre part impliquer les personnes dans le processus de conception pour qu'elles soient ensuite plus à l'aise au niveau de l'exécution.

Cette écoute des autres leur permettra ensuite d'entrer mieux en contact avec leurs propres valeurs et leurs propres sentiments, de façon à donner un sens personnel à leur action, à la rendre moins théorique et plus individualisée. Ils gagneront ensuite à extérioriser leurs sentiments.

Les INTJ pourront alors aborder leur fonction inférieure, la sensation extravertie. Une bonne démarche sera pour eux l'apprentissage régulier d'un savoir-faire précis, impliquant des modalités concrètes de mise en oeuvre. Ce peut être une activité manuelle régulière, poterie, tissage, bricolage, l'apprentissage d'un instrument de musique ou tout ce qui peut mettre en oeuvre la sensation dans le monde extérieur. Les INTJ devront cependant faire attention à ne pas cesser cette activité quand ils en auront compris le principe.

Ce faisant, les INTJ acquerront une plus grande confiance en eux et un contact plus précis avec le monde qui leur permettront d'assurer la cohérence entre leur système de référence et le monde extérieur, cohérence à laquelle ils tiennent particulièrement.

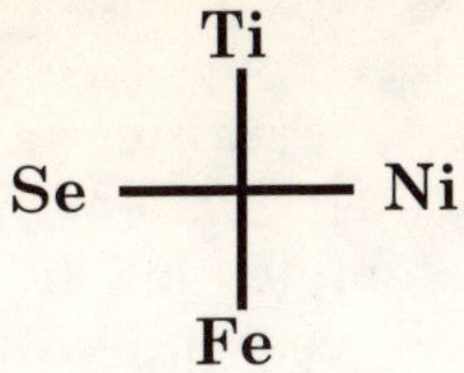


# ISTP

## PRINCIPAUX ATOUTS

### *Personnalité*

Les ISTP présentent un aspect calme et réservé et sont en même temps capables d'actions rapides et intenses. La pensée introvertie leur permet de considérer les événements avec détachement, d'analyser et d'observer ; leur sensation extravertie leur donne une grande capacité d'action concrète. Les ISTP peuvent se comporter de façon distanciée pendant une longue période, particulièrement dans leurs relations avec les personnes, et être tout à coup prêts à risquer gros.

Ils sont ainsi imprévisibles en société où, selon l'intérêt qu'ils éprouvent, ils peuvent se montrer distants ou sociables, avec des variations de taux d'activité très importantes. Au demeurant, les ISTP aiment bien leur côté déroutant et ils se plaisent à surprendre les gens.

Les ISTP sont observateurs ; dans les domaines qui les intéressent, ils peuvent accumuler et retenir une grande quantité d'informations. Au moment où ils décident de passer à l'action, ils ont ainsi à leur disposition une masse de données concrètes qui leur permet d'intervenir avec précision et efficacité. Il ne s'agit pas là à proprement parler d'intuition, mais de la synthèse d'éléments longuement accumulés et analysés.

Les ISTP sont doués de leurs mains ; en particulier ils ont un sens aigu de l'utilisation d'outils dont ils savent comment se servir sans même lire le mode d'emploi. Le domaine de la mécanique au sens large leur est naturel : trouver comment ça marche et réparer ce qui ne fonctionne plus est un don des ISTP. Ce sens pratique joint à leur capacité d'observation rendent leurs actions particulièrement rapides et efficaces.

Les ISTP ne font pas de plans ; ils préfèrent se tenir prêts à tout et faire confiance à leur capacité de réaction. Dans leurs interventions, ils cherchent les moyens les plus adaptés, car ils détestent gaspiller leur temps et leur énergie. Ils aiment les activités intenses et variées.

S'ils se comportent avec une certaine aisance en groupe, et si même ils apprécient les groupes pour mener à bien certaines activités qu'ils affectionnent, le sport par exemple, les ISTP sont d'abord des individualistes qui préfèrent travailler seuls ou avec un groupe restreint d'amis choisis.

Ils apprennent essentiellement par l'action et l'expérience, en découvrant par eux-mêmes. Les cours théoriques adressés à un grand public ne leur apportent rien. Et ils se refusent à faire ce dont ils ne voient pas l'utilité.

## *Vie professionnelle*

Leurs qualités d'observation et leur sens du concret les rendent particulièrement à l'aise dans les métiers impliquant la maîtrise d'outils au sens large, ou lorsqu'il faut faire preuve de réactions rapides et adaptées face à une situation imprévue. Les ISTP sont les champions du dépannage, qu'il s'agisse de réparer un moteur ou d'éteindre un puits de pétrole en feu.

Ils manifestent la même indépendance au travail que dans leur vie sociale, et n'aiment ni les règles ni les procédures, qu'ils ignoreront ou contourneront autant que possible. Ils supportent difficilement l'autorité qui pourrait s'exercer sur eux et ne cherchent pas à imposer la leur. Quand ils ont à diriger, ils le font par l'exemple, en mettant la main à la pâte et en se plaçant aux avant-postes. Le contrôle qu'ils exercent est minimum.

Les ISTP s'arrangent pour que leur travail leur apporte la diversité et le plaisir dont ils ont besoin pour s'y intéresser réellement. Le plus souvent, ils feront en sorte que leur hobby et leur travail soient une seule et même chose. Ils font alors preuve d'un dynamisme exceptionnel et d'une connaissance encyclopédique de leur domaine. Ils sont dans ces cas-là capables d'organisation et de méthode.

Les ISTP se trouvent tout naturellement dans les métiers techniques, dans la mécanique, et là où l'usage de chiffres et de données précises est indispensable, comme les statistiques, l'économie. Il s'agit là d'exemples donnés à titre indicatif, pour illustrer le type d'activité où les ISTP se sentent particulièrement à l'aise. Mais il leur est bien évidemment possible de remplir tout autre type d'activité qui les intéresse.

## FAIBLESSES EVENTUELLES

### *Les excès du type*

A trop vouloir trouver des moyens rapides et économiques d'accomplir la tâche, surtout si elle ne les intéresse que moyennement, les ISTP peuvent avoir tendance à bâcler et à se montrer en fait nonchalants.

Leur sens du détail peut, s'ils n'y prennent garde, les amener à être submergés par des données concrètes qui s'accumulent en un flot continu, sans qu'ils parviennent à prendre une décision ni à passer à l'action.

Et lorsqu'ils se décident à agir, l'excès de leur réactivité dans l'ici et maintenant peut les priver d'une vue stratégique de l'ensemble de la situation.

### *La fonction inférieure (Sentiment extraverti)*

Les ISTP ont le sentiment extraverti en fonction inférieure. Cela peut se traduire de différentes manières :

- ils peuvent avoir du mal à exprimer leurs sentiments, ou à communiquer, ce qui leur donne une apparence froide et distante. Confrontés aux sentiments des autres, ils peuvent devenir sarcastiques et mettre en cause l'intelligence de ceux qui expriment leurs émotions.

• leurs jugements de valeurs, où ils doivent faire appel à leur fonction inférieure, le sentiment, sont parfois peu nuancés et prennent une forme binaire ; le monde est alors noir et blanc. Inconsciemment, ils tenteront parfois de masquer cette faiblesse en redoublant de logique pour justifier leur point de vue.

• quand leurs sentiments s'extériorisent, ce peut être sous une forme violente et dévastatrice, comme la lave d'un volcan. Leur amour par exemple peut devenir possessif, leurs sentiments se manifester de façon très émotionnelle.

## LE CHEMIN DE DÉVELOPPEMENT

Les ISTP ont intérêt à placer leurs actions immédiates et spontanées dans un cadre à long terme, et à envisager les conséquences de leurs interventions. Il leur sera nécessaire pour cela d'imaginer des possibilités et d'anticiper l'avenir. Ils mettront ainsi en oeuvre leur intuition.

Toutes les formes de création gratuite, sans efficacité immédiate, seront un bon entraînement pour eux. Ils pourront ainsi apprendre à regarder la vie sous différents aspects, ce qui leur permettra d'avoir une plus grande compréhension du mode de fonctionnement des personnes qui les entourent.

Pour établir des priorités les ISTP devront apprendre à prendre en compte les valeurs des autres. Il leur sera pour cela d'abord nécessaire de les reconnaître et de les accepter en tant que telles. Le fait d'avoir multiplié les possibilités les incitera à nuancer leurs jugements et à intégrer ces éléments nouveaux.

Ceci leur permettra d'affiner leur mode relationnel et d'avoir une meilleure connaissance de la manière dont leurs sentiments s'expriment à l'extérieur et dont ils peuvent être perçus. En travaillant ainsi sur l'expression de leurs valeurs, ils se mettront progressivement à l'écoute de leur inconscient.

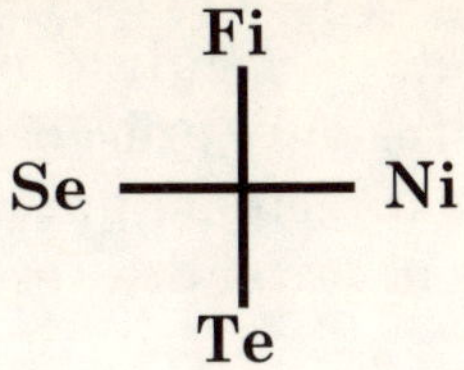


# ISFP

## PRINCIPAUX ATOUTS

### *Personnalité*

Les ISFP observent et agissent beaucoup ; ils s'expriment relativement peu. Leur idéal élevé et leur sens pratique se manifestent en effet plus dans des actions que dans des grandes déclarations.

Les ISFP sont très fortement tournés vers le bien-être des autres ; ils font inlassablement preuve de dévouement, de gentillesse et recherchent avant tout l'harmonie entre les personnes. Les conflits leur sont particulièrement pénibles et ils cherchent à arranger tout le monde.

Ils sont naturellement non compétitifs et laissent les autres libres de poursuivre leur chemin, quitte d'ailleurs à se sacrifier eux-mêmes. Les ISFP ne cherchent à contrôler ni les personnes, ni les événements et prennent la vie comme elle est. Ils n'aiment pas plus l'embrigadement à l'école qu'au travail, et recherchent pour eux-mêmes la liberté qu'ils accordent aux autres.

Les ISFP ont tendance à se sous-estimer et à passer inaperçus. De tous les types ils sont probablement les plus difficiles à connaître, car leur action, pour efficace qu'elle soit, est aussi discrète que possible et ils ne sont pas bons vendeurs d'eux-mêmes.

Leur mode d'expression passe souvent par un support matériel, musique, peinture, danse. Ils peuvent alors faire preuve de grand talent et quelques uns des peintres et musiciens célèbres sont issus de leur rang. Ils peuvent aussi s'exprimer à travers des activités manuelles et artisanales.

Les ISFP sont très sensibles à la qualité de l'environnement. Ils aiment profondément la nature et ont souvent un contact direct et aisé avec les animaux.

Les ISFP apprennent mieux par la pratique et les exercices manuels. Ils ont un intérêt particulier pour les matières qui présentent une utilité directe ou qui leur permettent de rendre service aux gens.

### *Vie professionnelle*

Les ISFP ont la même attitude au travail que dans leur vie privée vis-à-vis de ceux qui les entourent : ils cherchent à leur rendre service et à leur faciliter la tâche. Volontiers coopératifs, ils aiment un environnement professionnel paisible et courtois, où les gens se respectent mutuellement. Ils sont attentifs à ce que le contenu et le mode de leur activité soient conformes à leurs valeurs.

Ils ne recherchent pas les positions d'autorité, étant peu compétitifs ; lorsqu'ils ont à l'exercer ils le font par l'influence, par l'exemple ou en encourageant leurs collaborateurs plutôt qu'en les critiquant. Les ISFP sont aussi discrets au travail que dans le reste de leur vie et leurs performances ne sont pas toujours reconnues à leur juste valeur.

Ils choisissent en général des activités pratiques et utiles, orientées vers le bien des autres ; on les trouve en grand nombre dans les professions sociales ou de santé, comme médecin généraliste, infirmier, assistant social, psychologue. Ils s'orientent également vers l'artisanat ou, pour ceux qui en ont les capacités, les métiers d'art. Il s'agit là d'exemples donnés à titre indicatif, pour illustrer le type d'activité où les ISFP se sentent particulièrement à l'aise. Mais il leur est bien évidemment possible de remplir tout autre type d'activité qui les intéresse.

## FAIBLESSES POTENTIELLES

### *Les excès du type*

Les ISFP peuvent facilement être victimes de leur propre gentillesse ; ayant des difficultés à dire non, ils se laissent submerger par les demandes qui leur sont adressées ou par ce qu'ils pensent être leur devoir. Ils peuvent en négliger leurs propres besoins, et se sentir ensuite exploités.

Les ISFP peuvent se noyer dans les actions concrètes immédiates et en oublier leur objectif ; ils peuvent également se perdre dans une masse de détails, sans faire preuve de suffisamment de discernement.

Ils ne communiquent facilement leurs valeurs que dans un climat de confiance ; ils ont tendance à se laisser oublier et à ne pas assez s'affirmer.

### *La fonction inférieure (Pensée extravertie)*

La fonction inférieure des ISFP est la raison logique, spécialement dans le monde extérieur. Cela peut se traduire par une volonté excessive d'unir toutes les données recueillies autour d'un seul principe explicatif. Ce sont alors les données qui doivent se plier à la théorie, les ISFP voulant maintenir coûte que coûte leur explication au lieu de la remettre en cause sous l'effet de nouvelles informations.

Les ISFP peuvent utiliser leur fonction logique contre eux-mêmes et se déprécier fortement ; ils peuvent aussi l'utiliser à l'extérieur envers les personnes avec qui ils sont en relations. Il leur arrive ainsi de se montrer excessivement critiques, notant toutes les erreurs et ayant tendance à généraliser leurs jugements. A l'inverse de leur comportement habituel, ils peuvent alors être autoritaires, cassants.

De même, il leur arrive de prendre des décisions précipitées, dues à une soudaine impatience. En ce cas, ils auront tendance à refuser toute discussion et à imposer leur point de vue.

Pour leur développement, les ISFP ont intérêt à commencer par travailler leur intuition introvertie. Les exercices de visualisation pourront à cet égard leur être très utiles pour imaginer leur projet personnel, se projeter dans le futur, avoir d'eux-mêmes une vision globale et cohérente qui leur permette de donner un sens à leurs activités quotidiennes.

Ils pourront alors commencer à utiliser leur fonction inférieure, la pensée extravertie ; le scepticisme et la critique seront pour les ISFP des exercices difficiles mais utiles. La difficulté sera pour eux de le faire, non dans un but de dénigrement de soi ou des autres, mais pour être capables de créer une distance avec les personnes de leur entourage ou avec les principes jusqu'alors acceptés sans remise en cause.

Ils pourront ce faisant revaloriser l'image qu'ils ont d'eux-mêmes et par conséquent mieux se situer par rapport aux demandes de leur entourage. Etre capables de prendre en compte leurs propres besoins et les satisfaire sans culpabilité est un pas important pour les ISFP.

Ils pourront alors mieux traduire dans la vie quotidienne les valeurs auxquelles ils croient profondément et développer de façon harmonieuse leur sens du service.

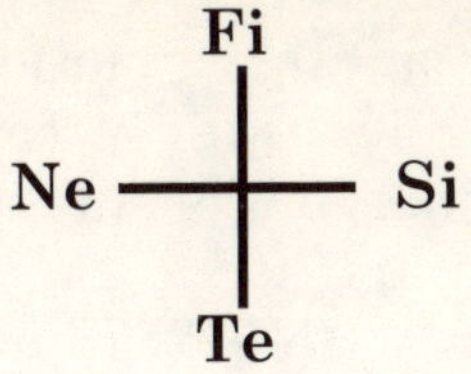


# INFP

## PRINCIPAUX ATOUTS

### *Personnalité*

Les INFP sont des idéalistes, chevaliers de la Table Ronde à la recherche du Graal. Cette recherche de l'idéal caractérise tous les « NF » mais tout spécialement les INFP. Ceci n'apparaît d'ailleurs pas à la première observation car les INFP n'aiment pas faire étalage de leurs valeurs et de leurs sentiments. Leur fonction dominante, le sentiment, est introvertie et ne se laisse donc pas connaître facilement.

Les valeurs auxquelles croient les INFP leur sont strictement personnelles. Elles sont le fruit de leur propre recherche et non de dogmes ou de règles imposés de l'extérieur qu'ils ont en horreur s'ils ne leur sont pas expliqués, et qu'ils peuvent alors prendre un malin plaisir à contredire.

L'originalité de leur démarche est parfois ignorée et leur contribution sous-estimée. La reconnaissance sociale leur importe d'ailleurs en général assez peu ; cependant le fait d'être réservés n'implique pas, bien au contraire, que les INFP n'aiment pas que leurs valeurs soient partagées.

Les INFP ont l'esprit ouvert, imaginatif, flexible. Apprendre davantage, continuer à se transformer est pour eux une seconde nature. Leur intuition extravertie leur donne une attitude très ouverte envers le monde : ils sont toujours prêts à remettre en cause l'idée précédente si une nouvelle leur paraît plus séduisante.

Cette curiosité jointe à leur exigence élevée d'idéal les rend souvent perfectionnistes. Un INFP soignera le détail d'un travail jusqu'à ce qu'il soit parfait et cohérent avec l'ensemble : sculpter la gargouille invisible avec autant de soin que le tympan va de soi. C'est que l'harmonie, tant entre les choses qu'entre les personnes, est une valeur clé pour les INFP.

La souplesse des INFP trouve sa limite quand leurs valeurs fondamentales sont violées ou risquent de l'être. Ils peuvent alors se montrer intransigeants pour défendre leurs idéaux et y consacrer une énergie considérable.

Les INFP apprennent bien quand ce qu'ils étudient a un sens pour eux, correspond à leur idéal, même si le domaine choisi n'est pas le plus adapté à leurs capacités.

### *Vie professionnelle*

Dans leur travail, les INFP recherchent la collaboration, et la compétition ne les intéresse pas. Leurs efforts tendent à trouver des idéaux, des buts communs, auxquels tous pourront se rallier.

Ils conçoivent leur rôle comme facilitateur qui met les personnes en relation et favorise la communication entre elles. A cette fin, l'INFP réservé n'hésitera pas à confronter une situation difficile et à tirer les choses au clair.

Les INFP sont attirés par les métiers relatifs à la langue, notamment la langue écrite, l'enseignement, le conseil, la thérapie. Professeurs de littérature, psychologues, médecins, thérapeutes, journalistes, sont des métiers fréquents pour les INFP. Il s'agit là d'exemples donnés à titre indicatif, pour illustrer le type d'activité où les INFP se sentent particulièrement à l'aise. Mais il leur est bien évidemment possible de remplir tout autre type d'activité qui les intéresse.

## FAIBLESSES POTENTIELLES

### *Les excès du type*

Le souci de l'idéal qui caractérise les INFP peut les amener à verser dans l'idéalisme ou parfois le fanatisme et à refuser de prendre en compte les éléments qui vont à l'encontre de leurs valeurs.

Par ailleurs, leur souci de perfection peut les amener à ne jamais conclure ; s'ils ne sont pas poussés par des délais impératifs, les INFP peuvent ne pas terminer un travail. Leur curiosité toujours en éveil peut à cet égard les empêcher de prendre une décision, de crainte de perdre une meilleure possibilité. Et si la phase préparatoire les motive fortement, la mise en pratique les laisse plus indifférents ; ils peuvent alors manquer de rigueur dans la mise en oeuvre.

Enfin les INFP peuvent ne pas savoir dire non aux demandes qui leur sont adressées et se laisser envahir, quitte ensuite à s'en vouloir, ou parfois à devenir agressifs envers ceux qui ont abusé de leur temps.

### *La fonction inférieure (Pensée extravertie)*

La fonction inférieure des INFP est la pensée logique, spécialement dans le monde extérieur. Elle se déclenche en particulier quand l'environnement est négatif, contraire aux valeurs d'harmonie. Elle peut alors se manifester principalement de deux manières différentes :

• une absence de logique, ou des blocages à certains moments dans le mode de raisonnement. Confronté sans préavis à une logique abstraite, l'esprit des INFP peut «patiner». Ce qui semble simple pour d'autres devient un obstacle difficilement surmontable pour les INFP, leurs facultés cérébrales, souvent très vives par ailleurs, semblant alors paralysées.

• un excès de logique, ou une hyperrationnalisation. Les INFP pourront ainsi développer des raisonnements auxquels ils donneront une apparence de logique pour justifier leurs valeurs subjectives ou chercher à avoir raison à tout prix. Cette attitude paraîtra en forte contradiction avec leur manière d'être habituelle.

## LE CHEMIN DE DEVELOPPEMENT

Les INFP ont pour fonction tertiaire la sensation introvertie. Il est important pour eux d'être à l'écoute de leurs propres besoins, de leurs sensations intérieures. Ils auront là un contact concret qui leur signalera quand ils ont dépassé leurs propres limites et qui notamment leur indiquera quand il devient impératif de dire non.

Les INFP ont donc tout intérêt à être à l'écoute de leur corps, à veiller à leur alimentation, à leur hygiène de vie. Ils peuvent aussi trouver les moyens matériels d'exprimer leur créativité artistique qui est grande, musique, peinture, danse, ikebana, etc. Ces activités seront d'ailleurs souvent pour eux, quand leur tertiaire sera bien intégrée, une source importante de détente et de réconfort.

Elles leur permettront d'aborder ensuite leur fonction inférieure, la pensée logique, particulièrement dans leurs relations avec l'environnement. Le sens concret et la précision qu'ils auront pu développer leur servira alors. L'informatique est ainsi un bon outil de logique formelle qui peut amener les INFP à exercer leurs facultés de raisonnement abstrait et théorique.

Ils pourront alors mieux exprimer dans le monde extérieur les valeurs auxquelles ils croient profondément.

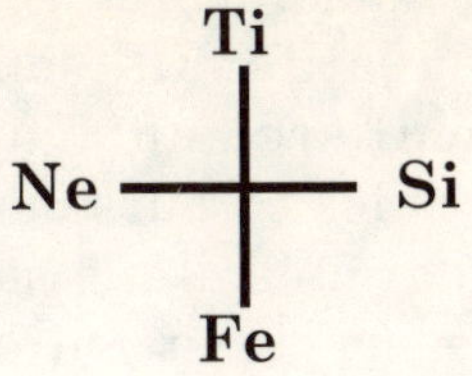


# INTP

## PRINCIPAUX ATOUTS

### *Personnalité*

Les INTP ont pour principal souci de chercher à rendre cohérente une masse de possibilités en perpétuelle croissance. Leur intuition extravertie les entraîne dans une quête incessante de nouvelles manières de faire, de penser. Leur pensée introvertie cherche à mettre de l'ordre, à analyser, à clarifier, à mettre en relations. Le pourquoi du pourquoi est leur domaine de prédilection. Cesont de grands penseurs, plongés dans leurs réflexions au point de pouvoir perdre contact avec la réalité. Le professeur Nimbus est leur caricature.

Les INTP sont toujours prêts à se poser de nouvelles questions, à tout remettre en cause par souci de perfection. Dans un raisonnement, ils repéreront immédiatement la faille logique, et la souligneront jusqu'à ce que l'erreur soit corrigée, quel qu'en soit le coût. Ils exercent d'ailleurs cette critique aussi bien vis-à-vis d'eux-mêmes que de leur entourage.

Pour les INTP, c'est le processus de connaissance qui est en soi intéressant ; le résultat n'en est qu'un sous-produit, qu'ils peuvent oublier de communiquer tellement il perd son intérêt pour eux dès lors qu'il est devenu évident. De même, ils aiment bien envisager les possibilités et développer des plans ; mais la mise en application les intéresse moins dès lors que le plan a été bien conçu et ne présente pas de faute logique.

Les INTP veulent maîtriser les situations sur le plan intellectuel. Ils ne cherchent pas à imposer leurs idées mais aiment bien convaincre ; ils sont libéraux, tant en société qu'en famille, avec leurs enfants par exemple. Ils ne supportent les règles que si elles ont un sens et si elles ont passé avec succès l'examen de leur critique.

Les INTP aiment apprendre pour le plaisir d'apprendre. Ils font des connections imprévues entre les différents domaines et sont ainsi très créatifs. Ils sont aussi particulièrement aptes à trouver les erreurs ou les fautes logiques dans ce qu'on leur enseigne et leurs professeurs peuvent s'attendre à être défiés sur leur propre terrain.

## *Vie professionnelle*

Les INTP sont professionnellement des «architectes» au sens où ils élaborent des constructions, des modèles qui expliquent la réalité. Ce sont des concepteurs de systèmes intégrant le plus grand nombre de variables possibles. Plus les problèmes à traiter sont complexes, plus les INTP sont heureux. En revanche ils aiment moins la mise en oeuvre qu'ils laissent volontiers à d'autres.

Les INTP aiment bien travailler seuls ou avec des personnes aussi indépendantes qu'eux. Ils n'aiment pas les réunions, où ils interviennent rarement ; quand ils le font, c'est avec la force d'une réflexion approfondie qui apporte souvent un éclairage nouveau.

Pour les INTP l'autorité est fonction de l'expertise. Ils ne la reconnaissent qu'aux personnes faisant preuve d'une réelle compétence ; et quand ils se trouvent eux-mêmes en position de commander à d'autres, ils le font en s'appuyant sur leur propre compétence. Les relations qu'ils entretiennent au travail sont d'ordre essentiellement intellectuel.

Les INTP choisissent de préférence des carrières où ils peuvent exercer leurs capacités intellectuelles : analystes système, programmeurs, informaticiens, chercheurs, mathématiciens, philosophes, architectes, professeurs d'université. Il s'agit là d'exemples donnés à titre indicatif, pour illustrer le type d'activité où les INTP se sentent particulièrement à l'aise. Mais il leur est bien évidemment possible de remplir tout autre type d'activité qui les intéresse.

## FAIBLESSES EVENTUELLES

### *Les excès du type*

Pour les INTP les faits sont là pour illustrer la théorie ; ils peuvent même parfois préférer la théorie aux faits et ne pas assez tenir compte de ceux-ci, au risque de construire des modèles admirables mais inefficaces. C'est ce qui est relatif aux personnes, les phénomènes humains, que les INTP ont en général le plus de difficultés à prendre en considération.

Leur questionnement perpétuel peut les paralyser s'ils ne font pas suffisamment la différence entre questions majeures et mineures ; au nom de la rigueur logique, ils peuvent freiner l'ensemble d'une réflexion pour résoudre un point d'intérêt très secondaire.

Enfin la vivacité de leur esprit peut les rendre impatients avec ceux qui ne fonctionnent pas intellectuellement de la même manière. Leur indépendance d'esprit peut même les empêcher de travailler en groupe quand ce serait nécessaire.

### *La fonction inférieure (Sentiment extraverti)*

Les INTP, peuvent avoir des difficultés à comprendre pourquoi il est important de tenir compte des sentiments des autres. En conséquence, leurs critiques, même si elles visent la rigueur logique des raisonnements et non les personnes qui les tiennent, peuvent être mal perçues en raison de leur caractère direct, de leur manque de ménagement.

Les INTP ont souvent du mal à exprimer leurs valeurs personnelles, autrement que par des jugements tranchés. Ils peuvent faire par exemple dans leurs relations de très bons ou de très mauvais choix.

Ils sont peu à l'aise avec leurs propres sentiments qu'ils manifestent rarement. Par contre, il peut arriver que ces sentiments surgissent avec violence, sous la forme d'un «coup de foudre» par exemple. Les INTP peuvent devenir alors très émotionnels ou tenter de justifier leurs sentiments par un redoublement de logique qui risque d'être inadaptée.

## LE CHEMIN DE DÉVELOPPEMENT

Les INTP auront intérêt à développer leur sensation, notamment en prêtant attention aux détails concrets qui confirment ou infirment leurs théories pour en éprouver la validité.

Ils pourront surtout prêter plus d'attention à eux-mêmes, à leurs sensations internes. Des activités physiques par exemple seront tout à fait bienvenues pour les mettre en contact avec leur corps.

Ce travail sur leurs sensations leur permettra d'explorer leur fonction inférieure, le sentiment. Ils pourront ainsi porter leur attention sur leurs émotions et celles des autres. Ils accorderont de l'importance aux valeurs des autres et les prendront en compte dans leurs réflexions.

Il leur faudra cependant éviter de théoriser sentiments et valeurs, car ils reviendraient alors à leur fonction dominante sans travailler sur leur fonction inférieure. Rester en contact avec les réactions des personnes qui les entourent et avec leurs propres émotions leur permettra d'approfondir leurs relations interpersonnelles et de mieux partager leurs idées.

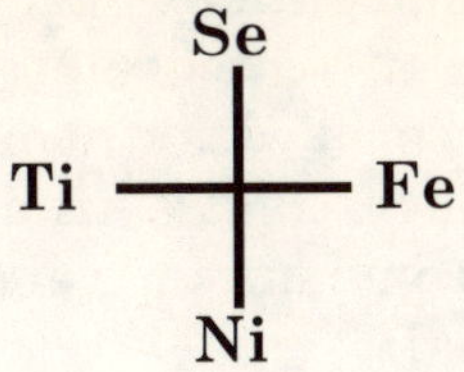


# ESTP

## PRINCIPAUX ATOUTS

### *Personnalité*

Les ESTP se caractérisent avant tout par le réalisme, l'attention qu'ils portent aux faits. Ce sont des personnes qui réagissent spontanément et rapidement aux situations telles qu'elles se présentent, en prenant les choses pour ce qu'elles sont et en les utilisant au mieux de leur intérêt.

Les ESTP veulent optimiser leurs efforts et économiser l'énergie déployée à obtenir un résultat. Ils sont à la recherche de la meilleure efficacité, de l'utilité pratique, et c'est ce critère qui les guide dans la plupart de leurs activités. Ils ont le sens de l'action concrète et des moyens d'y parvenir. Ils utilisent spontanément les outils nécessaires et n'ont recours au mode d'emploi écrit que lorsque les autres démarches ont échoué.

Les ESTP sont très sociables et en général faciles à vivre. Leur sens aigu de l'observation leur permet de percevoir les nuances d'expression chez leurs interlocuteurs et par conséquent de s'y adapter. Ils sont souvent généreux, aimant bien surprendre et mettre de l'animation par des cadeaux, des fêtes. Leur exubérance naturelle les place facilement au centre de l'attention. Ils aiment l'activité et l'animation pour elles-mêmes, quitte à les provoquer quand elles ne viennent pas spontanément.

Les ESTP vivent dans le présent, mettant pleinement en application le proverbe «demain est un autre jour». Ils savent profiter de l'ici et maintenant et n'aiment pas se lamenter sur les erreurs ou les événements pénibles passés. Leur souci de coller à la réalité présente les rend souvent imprévisibles, car ils sont capables de changer aussi vite que les événements.

Les ESTP n'aiment apprendre que lorsqu'ils voient de façon directe l'utilité pratique de ce qu'on leur enseigne et qu'ils peuvent immédiatement le mettre en pratique. Ils apprennent par l'expérience et se refusent souvent à élaborer des théories. Le système scolaire traditionnel leur convient en général assez mal.

### *Vie professionnelle*

Les ESTP font de remarquables négociateurs, alliant tout à la fois souplesse et séduction dans la démarche avec précision et fermeté quant à aux buts. Ils aiment prendre des postes de responsabilité, surtout en période de crise où leur capacité d'intégrer une multitude de données ponctuelles et de s'y adapter est particulièrement utile. Les risques les attirent car ils apportent du piquant à leur vie et leur donnent l'occasion de faire preuve de leurs capacités.

Les ESTP aiment les interventions rapides, efficaces, pour lesquelles il faut faire preuve de débrouillardise. Ce sont de parfaits dépanneurs. Ils se soucient alors peu des procédures, le résultat seul comptant.

Les ESTP se plaisent dans un environnement flexible, peu routinier, où l'autorité n'est pas pesante. Non qu'ils se rebellent particulièrement contre elle, mais ils ont tendance à oublier son existence.

Les ESTP choisissent souvent un métier d'entrepreneur indépendant ; ils font naturellement des commerçants, des artisans, des mécaniciens, des chirurgiens. Il s'agit là d'exemples donnés à titre indicatif, pour illustrer le type d'activité où les ESTP se sentent particulièrement à l'aise. Mais il leur est bien évidemment possible de remplir tout autre type d'activité qui les intéresse.

## FAIBLESSES POTENTIELLES

### *Les excès du type*

L'activité intense des ESTP peut tourner à l'activisme ; la spontanéité de leurs réactions et de leurs interventions en dehors des procédures peut parfois mal tomber et les conduire à des erreurs qu'un peu de réflexion aurait évitées.

Ils peuvent avoir également tendance à manquer de continuité dans leur action et à faire des volte-face imprévisibles au motif que les conditions ont changé ; ils peuvent alors abandonner ceux qu'ils ont conduits jusqu'alors pour se tourner vers autre chose et négliger les promesses faites.

Il peut leur arriver de se montrer insensibles aux autres personnes, ne tenant compte que de leur intérêt personnel ou faisant des remarques trop directes et sans tact.

### *La fonction inférieure (Intuition introvertie)*

La fonction inférieure des ESTP est l'intuition introvertie. Si elle ne joue pas son rôle de contrepoids, les ESTP peuvent manquer de capacité à se projeter dans le futur et à voir les conséquences de leurs actions. Leur esprit pratique peut alors se transformer en excès de pragmatisme à trop court terme.

La fonction inférieure peut aussi se manifester directement par des intuitions négatives, qui prennent alors toute la place. C'est ainsi que les ESTP naturellement expansifs pourront connaître des accès de mélancolie et de dépression car leur intuition mal contrôlée les aura submergés par toutes les possibilités négatives qui peuvent arriver.

Dans le même sens, on pourra voir des ESTP rationnels, concrets, précis, attribuer à des événements fortuits, des significations symboliques auxquelles ils attachent une très grande valeur. L'ésotérisme peut ainsi exercer par moments une forte attraction dans la vie de certains ESTP.

# LE CHEMIN DE DÉVELOPPEMENT

Pour se développer, les ESTP auront intérêt à prendre en compte les sentiments et valeurs des personnes qui les entourent, et à observer les conséquences pratiques des changements qu'ils peuvent leur imposer.

Ils pourront exprimer leurs propres sentiments et manifester leurs valeurs personnelles. Réciproquement, ils auront à comprendre le point de vue des autres et à l'inclure dans leur propre manière de voir.

Dans les deux cas, ils pourront ainsi progressivement envisager le cadre à plus long terme de leurs actions en précisant ce qui compte vraiment pour eux. Ils seront alors mieux armés pour accéder à leur intuition.

Celle-ci pourra s'exprimer selon des modalités non contrôlées par le côté dominant de la personnalité. Dessiner de la main non habituelle (gauche pour les droitiers, droite pour les gauchers) est un bon moyen de laisser parler l'intuition. Il en va de même pour les différentes formes d'expression artistiques à condition qu'elles aient lieu de manière spontanée et libre, en évitant de faire porter l'accent sur le côté précis et technique dans lequel les ESTP excellent spontanément.

Les ESTP pourront passer un certain temps à pratiquer des exercices dans la solitude, comme le jardinage. Cela leur permettra d'aller plus avant dans la découverte de leur intuition et éventuellement de se plonger dans quelque ouvrage théorique.

Se

Fi — Te

Ni

# ESFP

## PRINCIPAUX ATOUTS

### *Personnalité*

Les ESFP ont une grande capacité d'observation et d'attention aux faits. Ils voient la réalité telle qu'elle est et prennent les choses comme elles sont pour en tirer le meilleur parti.

Les ESFP aiment ce qu'il y a de bon dans l'existence et savent en profiter. Ils affectionnent la bonne chère, la bonne compagnie, les divertissements. Ils voient le bon côté des choses ; pour eux le verre est toujours au moins à moitié plein, et ils préfèrent ne pas regarder celui qui est à moitié vide. Ils sont naturellement optimistes.

Les ESFP sont de bons compagnons, joyeux, pleins de gaieté, faciles à vivre, toujours prêts à échanger. Ils sont à l'aise avec les gens, brisent facilement la glace. Ils sont le type même de la personne sympathique, généreuse et prête à rendre service. Ils montrent leur affection de façon concrète, par des cadeaux ou des gestes.

Ils sont spontanés, flexibles, aiment la variété, surtout lorsqu'elle se situe dans un domaine partiellement connu. En revanche ils aiment moins ce qui est entièrement nouveau.

Les ESFP génèrent autour d'eux une atmosphère de gaieté ; ils sont hyperactifs et aiment bien que «ça bouge». L'effervescence de leur vie peut même être difficile à supporter par ceux qui ne leur ressemblent pas.

Les ESFP apprennent à partir d'expériences concrètes et n'aiment pas beaucoup l'école traditionnelle. Celle-ci est surtout pour eux un lieu de rencontres, et on a de fortes chances de les trouver dans toutes les activités parallèles. Ils apprennent mieux dans des groupes interactifs que seuls, et dépendent beaucoup de l'intérêt que leurs professeurs leur portent.

## *Vie professionnelle*

Les ESFP recherchent des activités de contacts humains. Ce qu'ils aiment dans une profession c'est l'aspect relationnel : ils sont excellents pour mettre les gens en relation et établir des liens entre les groupes.

Lorsqu'ils ont une responsabilité, ils procèdent par influence, en faisant appel à la bonne volonté et à l'esprit d'équipe. Ils apprécient les approches concrètes et les résultats visibles. La routine et les procédures les ennuient ; ils cherchent souvent le moyen d'y échapper ou de les compenser par des activités sociales. Ils aiment être en bonne compagnie dans une ambiance détendue.

Les ESFP évitent les conflits et tentent de les prévenir en établissant de bonnes relations entre les gens ; si des tensions apparaissent, ils cherchent à les réduire en les relativisant ou même à les éviter en changeant de sujet ou en faisant rire.

Les ESFP se trouvent souvent dans les professions commerciales, les relations publiques, les fonctions sociales, l'enseignement et les métiers du spectacle. Il s'agit là d'exemples donnés à titre indicatif, pour illustrer le type d'activité où les ESFP se sentent particulièrement à l'aise. Mais il leur est bien évidemment possible de remplir tout autre type d'activité qui les intéresse.

## FAIBLESSES EVENTUELLES

### *Les excès du type*

L'impulsivité des ESFP peut devenir excessive ; ils ont alors tendance à commencer plusieurs choses à la fois et à n'en finir aucune. Ils peuvent manquer de rigueur et de continuité dans leurs actions ; cela se manifeste notamment dans leurs relations avec leurs enfants à qui ils risquent de ne pas donner assez de structure. Cela peut également se traduire sous la forme d'une hyperactivité qui tourne à l'agitation.

Leur sens du contact peut leur faire perdre de vue la tâche à accomplir. Un ESFP peut ainsi passer un temps démesuré à parler, à «faire des relations» en oubliant le travail à accomplir. De façon générale, l'organisation du temps chez les ESFP peut laisser à désirer.

Leur souci des autres, leur désir de plaire et de faire plaisir, peut se transformer en complaisance et en entreprise de charme. Les ESFP aiment séduire et se faire séduire ; ils ne sont pas toujours capables d'établir des limites claires et leur entourage aussi bien qu'eux-mêmes peuvent éventuellement en souffrir.

### *La fonction inférieure (Intuition introvertie)*

La fonction inférieure des ESFP est l'intuition introvertie. Cela peut se manifester par l'absence de contrepartie au pragmatisme qui peut alors devenir outrancier, faute de capacité à se projeter dans le futur et à voir les conséquences à long terme.

La fonction inférieure peut aussi se manifester directement par des intuitions négatives, qui prennent toute la place. C'est ainsi que les expansifs ESFP pourront connaître des accès de mélancolie et de dépression car ils seront submergés par leur intuition mal contrôlée, la vision de sombres perspectives. Si par exemple quelqu'un est en retard, un ESFP pourra imaginer aussitôt les pires catastrophes.

Les ESFP pourront attribuer des significations particulières, de caractère prédictif, à des événements fortuits. Ils auront ainsi tendance à élaborer des interprétations irrationnelles qui risquent de les mettre dans un état de confusion ou de les placer dans la dépendance de quelque devin.

## LE CHEMIN DE DÉVELOPPEMENT

La fonction tertiaire, la pensée extravertie, pourra être d'un grand secours aux ESFP car elle leur permettra de mettre de l'ordre dans le bouillonnement de leurs activités et de leurs relations sociales.

Elle leur servira ainsi à envisager les conséquences logiques et l'impact de leurs actions ; à établir des priorités et un ordre de réalisation ; à planifier quelque peu leur emploi du temps et leurs ressources.

En planifiant ainsi leurs activités et en en prévoyant les conséquences, les ESFP apprendront progressivement à se projeter dans le futur, c'est-à-dire à commencer à utiliser leur fonction inférieure, l'intuition introvertie.

Ce faisant, ils se mettront à la recherche de leur «guide intérieur», de la partie intime d'eux-mêmes qui se situe au-delà de l'effervescence quotidienne et qui leur permettra d'avoir une vue d'ensemble de leurs activités et des valeurs qu'ils y mettent.

Ils trouveront ainsi de nouvelles manières d'envisager leur avenir que leur sens pratique leur permettra de réaliser.

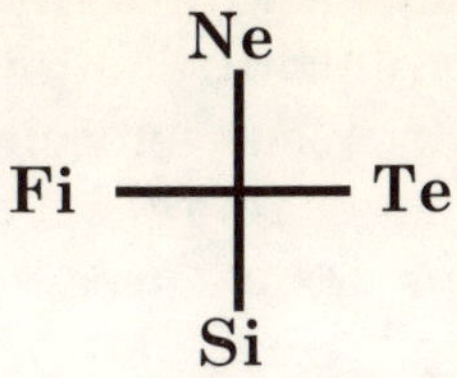


# ENFP

## PRINCIPAUX ATOUTS

### *Personnalité*

Les ENFP se caractérisent par un sens aigu du futur et des possibilités. Ils ont le goût de l'anticipation et devinent où le vent va souffler. Ils ont en ce domaine des intuitions pénétrantes. Leur créativité est grande et s'exerce en de multiples circonstances ; elle est souvent doublée d'un goût artistique certain.

Les ENFP excellent dans les relations avec les personnes. C'est là qu'ils se sentent le plus à l'aise et qu'ils expriment le mieux leur talent. Ils ont un contact chaleureux et spontané ; leur curiosité est insatiable dès lors qu'il s'agit de comprendre quelqu'un, de passer du temps avec lui. Ils devinent aisément les motivations des autres et sont à la recherche des significations cachées dans leurs paroles et leurs actions. Comme ils font souvent part de leur interprétation, ils peuvent parfois blesser, ce qui est à l'opposé de leur intention.

Les ENFP sont expansifs, parfois jusqu'à l'excès. Ils encouragent volontiers les autres, et aiment être payés de retour. Ils ont besoin d'être rassurés sur eux-mêmes, ce qui les amène à agir sur le mode de la séduction, tant pour séduire que pour être séduits. Bien que d'esprit indépendant, les ENFP sont souvent très entourés. Leur sociabilité et leur enthousiasme en sont les causes. Ils aiment les réunions joyeuses et les fêtes.

Les ENFP ne sont pas à l'aise dans les conflits, qu'ils évitent le plus possible, quitte à se sacrifier eux-mêmes. En fait, le sacrifice leur est moins pénible que le spectacle de la zizanie.

L'accomplissement de soi est un idéal fréquent chez les ENFP. Ils souhaitent se réaliser, explorer leurs possibilités, qui sont variées, goûter à toutes sortes de choses. Ils ont souvent plusieurs projets ou plusieurs livres en cours.

Les ENFP ont un mode d'organisation très personnel, dans lequel ils se retrouvent mais qui ne convient pas toujours à leur entourage. Ils sont souvent en retard, ayant toujours rencontré quelqu'un à qui parler sur leur chemin, et sont très imaginatifs pour trouver des excuses.

Les ENFP apprennent avec enthousiasme quand les sujets sont variés et sans cesse renouvelés et lorsqu'ils peuvent travailler avec d'autres. Ils n'aiment pas beaucoup les cours trop structurés.

### *Vie professionnelle*

Les ENFP présentent au travail les mêmes qualités d'enthousiasme et de sens des contacts humains. Ils sont très bons pour réunir les gens et les faire travailler ensemble, démarrer les réunions, initier les projets. Ils sont intéressés par ce qui pourrait être, plus que par ce qui est.

Ils sont créatifs, résolvent les problèmes, notamment lorsqu'il s'agit de relations entre les personnes. En tant que chefs ils sont appréciés pour leur enthousiasme communicatif et leur charisme personnel.

Ils aiment que le travail soit un plaisir et s'ingénient à ce qu'il en soit ainsi. C'est pourquoi ils font parfois peu la différence entre leur travail et leur vie privée, les deux devant être une occasion de rencontres et d'agrément.

La flexibilité des ENFP leur ouvre beaucoup de carrières. On les trouve naturellement en grand nombre dans les secteurs où leur sens des contacts et leurs valeurs humanistes peuvent s'employer au mieux : journalistes, thérapeutes, écrivains, comédiens, vendeurs, publicitaires. Il s'agit là d'exemples donnés à titre indicatif, pour illustrer le type d'activité où les ENFP se sentent particulièrement à l'aise. Mais il leur est bien évidemment possible de remplir tout autre type d'activité qui les intéresse.

## FAIBLESSES EVENTUELLES

### *Les excès du type*

Au stade de la conception, les ENFP peuvent se noyer dans toutes les possibilités ouvertes et les choix à effectuer. Il peut leur arriver d'accumuler toutes sortes de solutions envisageables, sans arriver à en choisir une seule. Ils remettent ainsi la décision à plus tard, faisant alors montre de procrastination. Quand ils prennent une décision, celle-ci peut n'être pas suffisamment fondée sur des faits précis.

Au stade de la réalisation, les ENFP peuvent manquer de continuité. Ceux qui les ont suivis en raison de leur dynamisme et des possibilités qu'ils leur ont fait miroiter, risquent alors de se trouver frustrés, ou doivent prendre eux-mêmes en charge la suite du projet.

Leur capacité de communication peut parfois les amener à des comportements excessifs, que des types plus réservés peuvent juger envahissants : abondance de mots, sauts fréquents d'une idée à l'autre.

### *La fonction inférieure (Sensation introvertie)*

Les ENFP ont la sensation introvertie en fonction inférieure. Cela peut se traduire par un manque de sens concret ; l'enthousiasme qu'ils manifestent cache parfois un certain irréalisme.

A l'inverse, cela peut aussi se manifester par une importance exagérée accordée soudainement à des détails qui masquent la vue d'ensemble. Les ENFP peuvent alors développer des obsessions sur des faits mineurs ou passer un temps démesuré sur des questions sans grande importance.

Les ENFP peuvent connaître des phases dépressives, notamment quand ils ont à se situer longtemps sur un mode introverti ou dans des tâches monotones.

Ils ont tendance à ne pas prendre assez soin de leurs corps et à négliger leur santé. Ils risquent d'en faire trop —

manger, boire, fumer — ou pas assez (anorexie ou boulimie). Des sensations fugaces peuvent être interprétées dans un sens négatif : une tendance à l'hypocondrie peut parfois se manifester.

## LE CHEMIN DE DÉVELOPPEMENT

Pour faire le tri dans l'éventail des possibles qui peuvent les submerger, les ENFP auront intérêt à mettre en route leur pensée extravertie. Cela leur permettra de fixer des critères de choix, d'établir des priorités et de développer des plans d'action qui leur permettront de mieux gérer leur temps.

Les ENFP auront également intérêt à faire une liste complète des points concrets et détaillés à prendre en considération avant d'entreprendre un projet. La mise en oeuvre de leur fonction inférieure leur permettra ainsi d'améliorer leur efficacité en prenant de meilleures décisions, plus adaptées aux nécessités du moment.

Ils pourront développer l'écoute de leurs sensations intérieures et entreront en relations avec leur corps ; ils entendront mieux les signaux de surcharge ou de manque et pourront ainsi veiller à leur santé.

Les ENFP pourront également développer un goût pour la méditation ou des activités sensorielles qu'ils pratiqueront seuls. Ce sera pour eux un des meilleurs moyens d'entrer en contact avec leur inconscient.

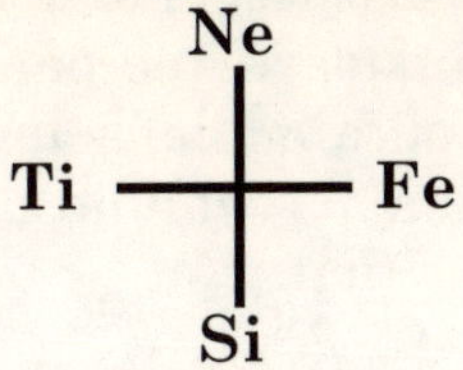


# ENTP

## PRINCIPAUX ATOUTS

### *Personnalité*

Intuitifs extravertis, les ENTP se caractérisent par leur créativité incessante et par l'originalité de leur approche. L'esprit toujours en éveil, ils sont perpétuellement à la recherche d'idées nouvelles ou de nouvelles manières de faire. Dans toutes situations, les ENTP sont capables de trouver la solution originale à laquelle personne n'avait pensé, abordant chaque question l'esprit neuf, sans a priori.

Les ENTP sont des questionneurs infatigables, tant pour eux-mêmes que vis-à-vis des autres, qu'ils peuvent accabler de questions et de propositions successives. Les ENTP sont en général prompts à agir, portés à intervenir sur les faits, les événements, les personnes, qu'ils aiment bien voir se conformer aux plans qu'ils ont élaborés.

Ils sont très enthousiastes, chaque nouvelle idée ayant toujours plus d'attrait que la précédente. Ils sont inépuisables quand ils sont pris par un sujet et qu'ils explorent de nouvelles voies. Ils peuvent alors perdre la notion du temps sans même réaliser que les personnes qui les entourent ont pu «décrocher». En revanche, la mise en oeuvre les lasse, ce qui leur donne parfois un aspect cyclothymique d'effervescence dans la conception et d'ennui dans l'exécution.

Les ENTP aiment bien travailler sur l'inspiration du moment et font en général confiance à leur compétence et à leur capacité d'improvisation. Cela leur confère un aspect ouvert et spontané.

Les ENTP aiment apprendre, surtout quand il s'agit d'explorer des possibilités et d'expérimenter quelque chose de neuf plutôt que de répéter des procédures connues. Ils préfèrent les modèles aux faits. Ils apprennent mieux par la discussion et la confrontation d'idées que par un travail solitaire dans les livres. Ils aiment l'émulation et la compétition.

### *Vie professionnelle*

Dans leur vie professionnelle les ENTP manifestent ce même goût pour la nouveauté et l'approche originale des problèmes. Ils aiment trouver le cadre de référence qui permet d'expliquer une situation complexe. Les questions nouvelles ou difficiles sont pour eux un défi qu'ils ne manquent pas de relever.

Ils ne se sentent pas à l'aise dans la routine et l'administration, où ils réussissent mal. Leur plaisir alors peut être de jouer contre le système pour voir comment tourner les règles. L'autorité hiérarchique leur pèse ; ils ne l'acceptent que lorsqu'elle est fondée sur l'expertise.

Les ENTP aiment travailler avec des gens compétents, aussi originaux et créatifs qu'eux. Ils dirigent par simples suggestions, une allusion leur paraissant souvent suffisante pour exprimer leur pensée.

De nombreuses carrières sont ouvertes aux ENTP dès lors qu'il est fait appel à leurs capacités créatives. On les trouve par exemple chez les chercheurs, les inventeurs, dans les métiers du marketing, du journalisme, de l'informatique. Il s'agit là d'exemples donnés à titre indicatif, pour illustrer le type d'activité où les ENTP se sentent particulièrement à l'aise. Mais il leur est bien évidemment possible de remplir tout autre type d'activité qui les intéresse.

## FAIBLESSES POTENTIELLES

### *Les excès du type*

L'agilité d'esprit des ENTP peut tourner à la versatilité ; l'innovateur ressemble alors à un papillon qui butine de fleur en fleur, sans s'arrêter à aucune. Leur curiosité insatiable ne leur permet pas d'approfondir et ne donne aucun résultat tangible, ce qui engendre la frustration pour les ENTP eux-mêmes qui ne comprennent pas pourquoi la réalité ne se conforme pas à leurs rêves.

Leur spontanéité et leur capacité d'improvisation peuvent être poussées à l'extrême ; elles risquent alors de les conduire à l'imprévoyance et à une certaine forme de chaos.

La vivacité des ENTP peut également leur poser des problèmes dans leurs relations avec les autres. Ils peuvent ainsi épuiser leurs interlocuteurs par un jet de questions continues. Ils peuvent également se montrer surpris quand les autres ne fonctionnent pas comme eux et n'ont pas compris les allusions rapides qu'ils ont faites ; il est alors fréquent qu'ils se plaignent d'être entourés d'incapables ou d'incompétents car ils supportent mal que leurs idées ne soient pas immédiatement comprises et partagées.

### *La fonction inférieure (Sensation introvertie)*

« L'intendance suivra » pourrait être la devise, et le talon d'Achille, des ENTP dont la fonction inférieure est la sensation introvertie. Plongés dans les possibilités, ils ne se préoccupent guère de l'exécution. Ils délèguent volontiers cette tâche, sans toujours se rendre compte que le mépris dans lequel ils semblent tenir la réalisation n'incite pas ceux qu'ils en chargent à bien l'accomplir.

Ils ont souvent tendance à ne pas reconnaître leurs propres limites, ni celles des autres. Comme le dit l'un d'entre eux : « J'ai jusqu'à présent pensé que j'étais immortel ». Ils peuvent avoir des relations difficiles avec leur corps, le malmenant jusqu'à épuisement, ou avec leur alimentation qu'ils ne contrôlent pas toujours comme ils le souhaiteraient.

Lorsqu'ils sont ainsi en surcharge, ils peuvent connaître des phases de dépression où ils doutent de leurs capacités. Il leur arrive aussi d'être accablés par des détails matériels qui prennent une importance démesurée.

## LE CHEMIN DE DÉVELOPPEMENT

La fonction tertiaire des ENTP est le sentiment extraverti. Ils gagneront beaucoup à prendre en compte les valeurs et les sentiments des autres. Leur forte logique peut les aider sur ce point en les amenant à comprendre qu'aucun de leurs plans ne pourra se réaliser sans l'accord des autres. Cependant il s'agit là de dépasser ce qui pourrait n'être que de la manipulation ; cette tentation est fréquente chez les ENTP pour qui la connaissance intellectuelle des phénomènes peut tenir lieu de compréhension et qui ont tendance à afficher une certaine condescendance pour ceux qui ne pensent pas comme eux.

Il leur faudra donc faire l'effort d'abandonner leurs certitudes pour réellement entrer dans le mode de fonctionnement de ceux avec qui ils sont en relations, et en reconnaître la valeur intrinsèque.

Ayant ainsi appris à se mettre à l'écoute d'autre chose que de leur intuition logique (fonctions dominante et auxiliaire), les ENTP pourront alors mieux aborder les enseignements que peuvent leur donner leurs propres sensations concrètes, leurs expériences factuelles.

Tant pour eux-mêmes que dans leurs relations avec les autres, surtout s'ils sont en position d'autorité, ils auront intérêt à établir des échéanciers de réalisation avec des points de contrôle prévus à l'avance. Ils pourront ainsi faire concorder leurs rêves avec les moyens à disposition.

En relâchant leurs tensions par des exercices physiques, la méditation ou de simples promenades dans la nature, ils peuvent gagner en équilibre et permettre l'épanouissement de leur intuition.

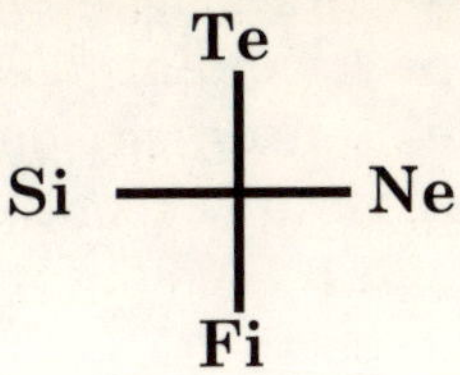


# ESTJ

## PRINCIPAUX ATOUTS

### *Personnalité*

Les ESTJ sont de grands organisateurs. Ils sont logiques, systématiques, s'appuient dans leurs actions sur des données concrètes et des méthodes éprouvées. L'efficacité est leur critère de réussite.

Ils savent se fixer, et fixer aux autres, des objectifs, établir le plan d'action correspondant, indiquer les délais et s'y tenir. Ils ont le sens des responsabilités, de la fidélité, du devoir à accomplir. Les ESTJ sont particulièrement dignes de confiance ; ce qu'ils disent, ils le font — et s'ils ne peuvent pas, ils le diront ou feront l'impossible pour y arriver.

Pour résoudre un problème, les ESTJ s'appuient sur leurs expériences passées. Soit ils en extraient directement des règles de conduite, voire des procédures ; soit ils en combinent des éléments pour en tirer des manières de faire plus adaptées.

Les ESTJ ont un contact immédiat et rapide, expriment aisément ce qu'ils pensent — mais pas nécessairement ce qu'ils ressentent —, rompent la glace sans difficulté au moyen d'une plaisanterie. Ils cultivent méthodiquement leurs amitiés au moyen de clubs, de rencontres, d'activités soigneusement programmées. Ils deviennent ainsi souvent les clés de voûte d'associations, prenant en charge les activités de direction qu'ils assument sans état d'âme.

Les ESTJ apprennent mieux quand le travail est soigneusement préparé et planifié, quand ils connaissent le programme et le calendrier suffisamment longtemps à l'avance. Ils aiment également voir l'utilité directe de ce qu'ils apprennent, au moyen notamment de travaux pratiques.

Le type ESTJ est dans la culture occidentale le type masculin par excellence, ferme et autoritaire. Les femmes de ce type risquent d'être mal perçues, ou de se sentir obligées d'aller à l'encontre de leur type pour se conformer au stéréotype social.

### *Vie professionnelle*

Les ESTJ se sentent parfaitement à l'aise dans les entreprises où ils accèdent facilement à des postes de responsabilité. Ils prennent volontiers des décisions, le plus souvent sur la base de règles issues de l'expérience.

Ils sont tout désignés pour établir eux-mêmes les procédures, fixer les normes et les manières de faire. Ils aiment planifier et contrôler l'exécution, jusque dans le moindre détail.

Les ESTJ sont respectueux de la hiérarchie et entendent bien que leur autorité soit respectée comme ils respectent celle des autres. Ce sont, dans une organisation, les éléments stabilisateurs, les tenants de la structure. Ils sont tout entiers tournés vers la réalisation de la tâche à accomplir, les personnes n'étant directement prises en compte que dans la mesure où elles concourent efficacement à leur projet.

Les métiers où prédominent la gestion et l'organisation matérielle et pratique leur conviennent particulièrement. Ils occupent facilement des fonctions d'encadrement et de commandement. Il s'agit là d'exemples donnés à titre indicatif, pour illustrer le type d'activité où les ESTJ se sentent particulièrement à l'aise. Mais il leur est bien évidemment possible de remplir tout autre type d'activité qui les intéresse.

## FAIBLESSES POTENTIELLES

### *Les excès du type*

L'amour des ESTJ pour la décision peut devenir excessif. Ils auront alors tendance à se précipiter, sans information suffisante, simplement parce qu'une décision, quelle qu'elle soit, leur paraît meilleure que l'attente, quitte à faire ensuite marche arrière. Ils tendent aussi à juger à la place des autres et à savoir mieux que la personne concernée ce qu'il convient de faire. Les ESTJ risquent d'avoir un avis sur tout et de l'exprimer, qu'on le leur demande ou non. En revanche leur capacité d'écoute, lorsqu'ils ne sont pas à la recherche d'informations, peut être limitée.

Leur goût pour la procédure et les règles peut se transformer en routine et bureaucratisation. Les ESTJ sont en général moins à l'aise dans le changement ; il peut leur arriver de maintenir une situation dépassée mais connue, ou d'exiger de nombreuses preuves avant de se lancer dans la nouveauté.

### *La fonction inférieure (Sentiment introverti)*

La fonction inférieure des ESTJ est le sentiment introverti. L'accès à leurs propres sentiments peut donc leur être difficile. Ils peuvent également avoir du mal à donner des appréciations positives, estimant que bien travailler est un devoir qui est à lui-même sa propre récompense. La critique leur vient spontanément. Par contre, il peut leur être difficile d'exprimer les sentiments souvent profonds qu'ils éprouvent envers les personnes qu'ils aiment.

Les ESTJ ont également des difficultés à être clairs sur leurs propres valeurs et leurs propres sentiments. La conformité aux normes ou à l'opinion dominante peut dans certains cas leur tenir lieu de convictions. Ils ont alors du mal à se situer personnellement, à définir leur propre système de valeurs, ce qui peut entraîner une difficulté inhabituelle pour eux à prendre des décisions, ou un recours à l'irrationnel, comme la confiance aveugle en une personne.

Dans ces conditions, il peut arriver que la fonction inférieure trop longtemps refoulée se manifeste de façon intempestive et brutale, par un excès de sensibilité, par le sentiment d'être incompris et négligé, par des colères disproportionnées par rapport à leur objet.

## LE CHEMIN DE DÉVELOPPEMENT

Les ESTJ ont intérêt à développer leur imagination, en particulier dans des domaines appliqués, concrets où ils pourront voir rapidement des résultats qui les conforteront dans leur démarche. Ils pourront ainsi utiliser leur sens pratique pour développer leur ingéniosité, leur créativité et plus tard créer des objets sans utilité pratique, pour leur seul caractère esthétique ou innovant.

Ils pourront également laisser place à l'imprévu pour apprendre à moins contrôler et à mieux saisir les opportunités qui se présentent en dehors de leurs schémas préétablis. Ils pourront commencer par prévoir les moments où ils seront spontanés, et plus tard, prendre ces moments comme ils viennent.

Lorsqu'ils auront acquis cette souplesse, les ESTJ pourront laisser se manifester leur fonction inférieure en écoutant ou laissant les autres exprimer leurs sentiments.

Ils pourront ensuite se mettre à l'écoute de leurs propres sentiments et clarifier leurs valeurs personnelles, en faisant le tri entre ce qu'ils pensent être leur devoir et ce qu'ils aimeraient faire.

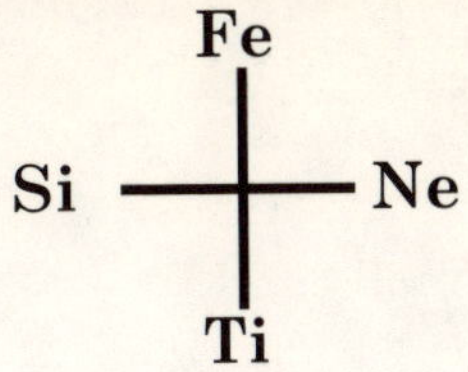


# ESFJ

## PRINCIPAUX ATOUTS

### *Personnalité*

Les ESFJ ont un sens développé de la vie sociale, où ils se distinguent par leur entregent et leur volonté de faire plaisir. Ils ont le souci constant d'aider les autres, de manière pratique et concrète. Si le voisin est malade, ils se proposeront spontanément pour conduire les enfants à l'école. Les ESFJ peuvent pousser ce dévouement jusqu'à oublier leurs propres besoins.

Les ESFJ aiment un monde organisé, où les droits et surtout les devoirs de chacun sont connus, où les rôles sont clairs, la structure stable. Ils emploient fréquemment des expressions telles que «il faut» et «on ne doit pas», qu'ils ne remettent pas en question. En ce sens les ESFJ sont des gardiens de la tradition et de l'ordre social. Ils planifient volontiers leurs activités, loisirs compris.

Les ESFJ aiment la vie de groupe et en acceptent sans difficultés les normes. Ils entretiennent la bonne humeur et de bonnes relations entre les gens. Ils s'occupent volontiers de ceux qui sont à l'écart pour les inclure dans le groupe. Ils font facilement la conversation, le plus souvent sur des sujets pratiques.

L'ESFJ est le stéréotype du rôle maternel ; les femmes de ce type n'ont aucune difficulté à s'y conformer. En revanche les hommes ESFJ peuvent avoir des difficultés à s'accepter.

Les ESFJ sont des élèves attentifs et obéissants. Ils aiment un cadre discipliné, où chacun se comporte comme il le doit, avec des professeurs qu'ils aiment. Ils apprennent en procédant par étapes et ont besoin de s'exprimer à haute voix ; ces deux caractéristiques associées peuvent les faire paraître lents dans leur démarche.

## Vie professionnelle

Les ESFJ ont dans leur travail le même sens du devoir et du travail à accomplir. Pour cela ils aiment des consignes claires, des règles et des procédures bien déterminées qu'ils respectent volontiers. Les tâches régulières leur conviennent bien.

Ils sont à la fois efficaces et aimables. Ils exercent leurs fonctions avec rigueur et ponctualité sans négliger le contact avec les gens. Ils se trouvent bien dans le travail d'équipe et tout en effectuant leurs tâches dans le délai prévu, aiment passer du temps à parler avec leurs collègues.

Lorsqu'ils sont en position d'autorité, ils donnent l'exemple de ce qu'il faut faire. Ce sont de gros travailleurs et ils ont également le souci de ceux qu'ils ont à commander.

Ils sont particulièrement attirés par les métiers qui leur permettent d'être au service des autres. On les trouvera ainsi plus particulièrement dans les professions médicales ou paramédicales, l'enseignement dans les petites classes, les professions religieuses ; ils font également de très bons vendeurs. Il s'agit là d'exemples donnés à titre indicatif, pour illustrer le type d'activité où les ESFJ se sentent particulièrement à l'aise. Mais il leur est bien évidemment possible de remplir tout autre type d'activité qui les intéresse.

## FAIBLESSES EVENTUELLES

### *Les excès du type*

Leur souci d'harmonie sociale peut amener les ESFJ à préférer cacher les problèmes plutôt que de risquer un conflit. Leur talent de conversation peut être ainsi utilisé à masquer les difficultés et tourne alors au bavardage mondain. Leur volonté de faire plaisir peut aussi les amener à éprouver au bout d'un certain temps du ressentiment envers ceux qui profitent de leurs services, si ceux-ci sont tenus pour acquis et ne reçoivent pas les remerciements mérités.

Les ESFJ peuvent également trop programmer leurs activités et se surcharger. Ils peuvent aussi négliger d'envisager d'autres possibilités que celles que les conventions sociales leur suggèrent. Ils risquent alors parfois de devenir des conformistes intransigeants qui savent mieux que les autres ce qui leur convient.

Enfin, les ESFJ à l'aise dans ce qui est connu peuvent se sentir déstabilisés par l'imprévu. Ils risquent même alors de devenir désagréables.

### *La fonction inférieure (Pensée introvertie)*

La fonction inférieure des ESFJ est la pensée introvertie. Cela explique par exemple que les ESFJ aient du mal à dire non aux demandes qui leur sont faites et qu'ils manquent d'assertivité pour exprimer leurs propres besoins.

Leur fonction inférieure se manifeste également par des jugements critiques très violents qui ne sont pas conscients et qui peuvent concerner des idées, mais aussi des personnes. Sous leur aspect cordial, les ESFJ peuvent avoir une vision très négative de l'existence, qui ne s'exprime pas habituellement mais peut surgir sous forme de jugements brutaux et sans nuance.

Il se peut aussi que leur fonction inférieure se manifeste sous forme de raisonnements d'une prétendue logique, compliquée et mal fondée, ou de projections alambiquées qui cherchent à rendre compte d'une situation où ils se sentent mal à l'aise.

S'ils ne travaillent pas leur fonction inférieure pour eux-mêmes, les ESFJ peuvent adhérer de façon excessive à une doctrine qui leur paraîtra donner satisfaction, sans procéder à un examen critique personnel. Ils peuvent alors devenir des « fans » inconditionnels qui consacreront leur énergie à convaincre leur entourage et à blâmer ceux qui ne les suivront pas.

## LE CHEMIN DE DÉVELOPPEMENT

Les ESFJ pourront exercer leur intuition en élargissant le champ des possibles, en cherchant de nouvelles manières de faire. La description d'autres sociétés leur sera par exemple utile pour découvrir d'autres coutumes et relativiser la force de leurs obligations.

Ils pourront également chercher à envisager toutes les conséquences de leurs actions, et à bâtir des scénarios, positifs et négatifs, pour imaginer tous les cas de figure.

Une des manières de faire les plus profitables pour les ESFJ sera d'entrer en contact avec leurs pensées négatives, par exemple en les notant par écrit. Ce sera un bon moyen de les désamorcer et d'éviter qu'elles ne se manifestent à contre-temps. Ils pourront de la même manière accorder une importance particulière aux rêves à caractère cynique ou destructeur.

Ils pourront ensuite travailler à développer une philosophie personnelle de l'existence, à faire parler leur jugement logique, sans recourir à des professeurs extérieurs. La pensée aidera ainsi leur sentiment dominant à s'intérioriser. Ils pourront prendre plus de temps pour eux-mêmes et prendre mieux en compte leurs propres besoins.

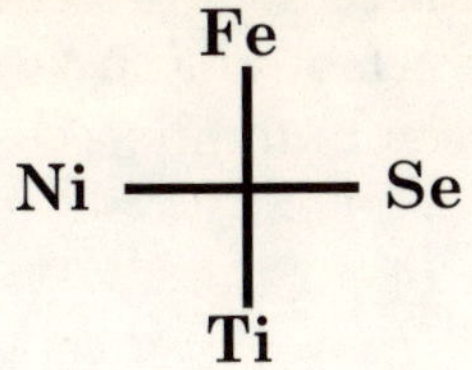


# ENFJ

## PRINCIPAUX ATOUTS

### *Personnalité*

Les ENFJ sont des leaders naturels dont la capacité à comprendre leur entourage leur permet d'exercer une influence considérable. Ils ont une grande capacité d'empathie qui leur fait aisément percevoir les besoins et les motivations des autres : ce sont par excellence des personnalités charismatiques.

Les ENFJ prônent des valeurs très fortes concernant le bien de l'humanité ; ils s'appliquent à les mettre en oeuvre en y associant les autres et en faisant preuve de continuité et d'organisation. Ils cherchent à faire le bien de ceux qui les entourent, soit dans leur profession quand ils le peuvent, soit dans leurs loisirs ou au moment de la retraite. Ils sont si convaincus de leurs idées et les communiquent si volontiers qu'ils comprennent mal que d'autres puissent s'y opposer. Ils sont alors blessés et ont tendance à se blâmer de n'avoir pas su s'y prendre.

Les ENFJ sont très sociables et aiment bien être en groupe, surtout quand règnent harmonie et gaieté. Ils prennent volontiers un rôle d'animateur ou de porte-parole. Ils ont en effet une grande facilité d'expression, surtout orale.

Les ENFJ ont un grand intérêt pour l'observation des comportements. Ils le manifestent non seulement dans la vie courante, mais à travers des lectures ou en regardant des films. Ils s'investissent fortement dans les relations qu'ils entretiennent avec les autres qu'ils ont parfois tendance à idéaliser.

Les ENFJ apprennent beaucoup en imitant les personnes qu'ils aiment, à la fois pour faire plaisir et aussi par empathie naturelle. Ils travaillent bien en groupe mais aiment ajouter au résultat une touche personnelle.

Ils sont en général particulièrement attirés par les sciences humaines.

### *Vie professionnelle*

Les ENFJ cherchent à travailler dans des entreprises tournées vers le service, dans des fonctions orientées vers les personnes. Ils sont très concernés par les valeurs de l'organisation dans laquelle ils se trouvent. Leur attachement à leur entreprise et à son esprit en font des porte-parole désignés.

Les ENFJ sont organisés. Ils aiment la variété et les contacts et sont mal à l'aise dans les tâches routinières et répétitives. Une grande partie de leur intérêt consiste à aider leurs collègues à se développer ou à leur prêter assistance quand cela est nécessaire.

Ils occupent souvent des postes à responsabilité et savent alors motiver les autres par leur enthousiasme et leur style très participatif. Ils encouragent vivement la coopération et sont moins à l'aise dans les conflits.

Les ENFJ se retrouvent le plus souvent dans des professions de service : religion, éducation, psychologie. Leur don de parole en fait de bons professeurs, éducateurs, ou comédiens. Il s'agit là d'exemples donnés à titre indicatif, pour illustrer le type d'activité où les ENFJ se sentent particulièrement à l'aise. Mais il leur est bien évidemment possible de remplir tout autre type d'activité qui les intéresse.

## FAIBLESSES EVENTUELLES

### *Les excès du type*

A vouloir sauver le monde, les ENFJ risquent de s'épuiser. Ils ne sont en effet pas toujours capables d'établir des priorités ou de savoir dire non.

Leur crainte des conflits peut les amener à escamoter les problèmes ; si leur fonction tertiaire, la sensation extravertie, n'est pas suffisamment développée, ils risquent de ne pas prendre suffisamment en compte la réalité. Ils tournent alors à l'idéalisme et perdent le moyen de réaliser leurs objectifs.

Enfin leur besoin de contacts et leur aisance verbale peut en faire par moments des bavards excessifs, au détriment de leur travail ou de leur entourage. Ils peuvent avoir tendance à prendre trop de place, à parler trop longtemps ou mal à propos.

### *La fonction inférieure (Pensée introvertie)*

Les ENFJ ont beaucoup de difficultés à recevoir la critique, qu'ils prennent pour une remise en cause personnelle globale. S'ils n'arrivent pas à se distancier de la critique émise, ils risquent de se dévaloriser et même de tomber dans la dépression.

Leur pensée introvertie en fonction inférieure peut les conduire à émettre sur eux-mêmes des critiques négatives, et à se dévaloriser.

Elle peut aussi se manifester par un manque de discernement dans le choix des causes qu'ils défendent. Ils mettront alors leur empathie, leur sens de la persuasion et leur charisme au service de valeurs négatives dont ils se feront les ardents défenseurs ; ils pourront y faire preuve de la même efficacité que pour des causes humanistes.

En sens contraire, les ENFJ pourront développer des raisonnements complexes, voire alambiqués, pour prouver aux autres et à eux-mêmes qu'ils sont capables de manier la logique aussi bien que ceux qui ont la pensée en fonction dominante. Ils peuvent y prendre un véritable plaisir, même si leur logique n'est pas toujours, en ce cas, comprise de ceux à qui elle s'adresse.

## LE CHEMIN DE DÉVELOPPEMENT

Les ENFJ auront tout intérêt à activer leur fonction tertiaire, la sensation extravertie. C'est elle qui leur permettra en effet de mettre leur idéal à l'épreuve des faits au lieu de vouloir faire entrer la réalité dans leur idéal.

Ils examineront ainsi les situations concrètes, les moyens disponibles et pourront voir par exemple les origines des conflits auxquels ils pourront alors remédier plus facilement.

Le développement de leur sensation leur permettra également d'accorder plus d'importance aux plaisirs ordinaires et de faire attention aux signaux de stress que leur corps peut leur envoyer. Ils pourront ainsi ralentir quand il le faudra leur rythme de vie.

Les ENFJ pourront ensuite utiliser leur fonction inférieure pour faire preuve de logique et de critique à l'égard des valeurs qu'ils défendent. Ils pourront ainsi non seulement mieux recevoir les critiques qui leur sont éventuellement adressées, mais mieux défendre leur propre système de valeurs. Cela leur permettra de passer à un stade plus intériorisé où ils pourront se mettre davantage à l'écoute de leur inconscient.

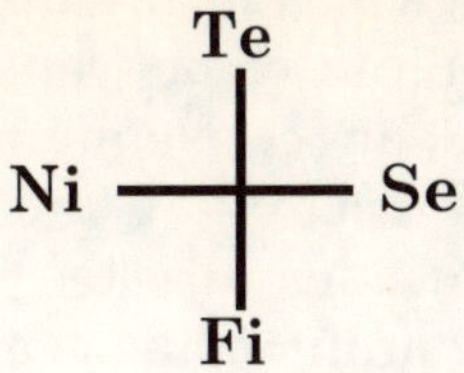


# ENTJ

## PRINCIPAUX ATOUTS

### *Personnalité*

Les ENTJ sont des chefs nés ; partout où ils se trouvent, en famille, dans un club sportif, dans une association, et *a fortiori* au travail, ils ont tendance à prendre les choses en mains. Cela leur est si naturel qu'ils ne le remarquent souvent même pas et sont étonnés quand on le leur fait remarquer. Ils ont d'autant plus de plaisir à exercer leur autorité que le contexte est difficile et complexe, ce qui leur permet d'utiliser alors toutes leurs facultés.

Les ENTJ dirigent en fixant les buts et les politiques pour y arriver. Ils veulent d'abord donner un sens aux situations, et mettre ensuite en place les systèmes appropriés pour atteindre les buts choisis. Les ENTJ aiment que l'organisation « tourne bien ». Ils préfèrent se consacrer à la résolution des problèmes. Gérer les détails n'est pas leur charisme.

Les ENTJ ont pleine confiance en eux. Ils partent le plus souvent de l'hypothèse qu'ils ont raison et il faut beaucoup d'énergie pour leur prouver le contraire, si tel est le cas. Au demeurant, ils aiment bien être mis au défi et accordent de l'estime à ceux qui les contestent, ce qui ne les empêche pas de défendre leur point de vue avec vigueur. Ils estiment en effet qu'une confrontation énergique est toujours utile : soit, ils ont plaisir à prouver qu'ils avaient raison, soit ils évitent l'erreur qu'ils auraient pu commettre.

Les ENTJ ont un mode de communication clair, direct, franc et ils attendent que les autres aient le même.

Ils n'aiment pas les loisirs inutiles, où rien ne se passe. Ils préfèrent les activités structurées où ils peuvent exprimer leur goût de l'efficacité et de la compétition.

Les ENTJ apprennent de façon méthodique et organisée ; ils définissent le but qu'ils veulent atteindre et prévoient les moyens et les délais en conséquence. Les ENTJ reçoivent facilement les critiques directes, dont ils tirent profit pour s'améliorer.

### *Vie professionnelle*

Les ENTJ expriment tout naturellement dans la vie professionnelle leur goût pour le commandement ; c'est là qu'ils trouvent leur terrain de prédilection. Ils aiment leur travail et s'y adonnent avec intensité, parfois au détriment du reste.

En tant que chefs, ils sont appréciés pour leur capacité à élaborer une vision à long terme, à définir une stratégie globale et à développer des systèmes cohérents. S'ils n'aiment pas régler les détails eux-mêmes ils savent mettre en place les moyens de contrôle qui leur permettront de vérifier que tout se passe conformément au plan qu'ils ont prévu. S'ils sont ouverts et innovateurs dans la conception, ils sont rigoureux dans l'exécution.

Les ENTJ décident clairement, sans état d'âme inutile. Ils aiment s'entourer de personnes à leur image, fermes, autonomes, responsables. La compétence est supposée acquise.

On les trouve dans de nombreux domaines, souvent en haut de la hiérarchie. Ce qui les intéresse en effet, ce n'est pas tant l'activité elle-même que le fait de diriger et d'organiser. On les verra donc souvent en position de managers ou de stratèges. Il s'agit là d'exemples donnés à titre indicatif, pour illustrer le type d'activité où les ENTJ se sentent particulièrement à l'aise. Mais il leur est bien évidemment possible de remplir tout autre type d'activité qui les intéresse.

## FAIBLESSES EVENTUELLES

### *Les excès du type*

Les ENTJ sont moins efficaces dans l'exécution que dans la conception. Même s'ils pallient cette carence par des systèmes de contrôle, il peut leur arriver de négliger les contraintes de la réalité.

Leur orientation vers l'action peut être exagérée ; ils peuvent alors décider trop et trop vite. Leur goût pour le commandement peut tourner à la domination et leur confiance en eux parfois à l'arrogance.

A l'extrême, ils négligeront les sentiments de ceux qui les entourent ou même s'en moqueront en les traitant «d'états d'âmes» inutiles.

### *La fonction inférieure (Sentiment introverti)*

Les ENTJ peuvent avoir des difficultés à exprimer leurs sentiments ; en particulier ils ont souvent du mal à formuler des appréciations positives, considérant qu'un travail réussi est à lui-même sa propre récompense. La critique est émise spontanément. Mais exprimer les sentiments souvent profonds qu'ils éprouvent envers les personnes qu'ils aiment ne leur vient pas facilement.

Les ENTJ sont en même temps attirés par les sentiments ; il n'est pas rare qu'un ENTJ écrive en cachette des poésies, à caractère sentimental, ou entretienne un amour romantique à l'insu de tous.

Si la fonction inférieure est trop longtemps refoulée elle risque de se manifester de façon intempestive et brutale, par des colères disproportionnées à leur objet, ou à l'opposé par une fascination excessive pour une personne ou une théorie. Les ENTJ sont ainsi sujets à des conversions soudaines.

Et quand leurs sentiments sont blessés, ils peuvent devenir très susceptibles, contrairement à leur attitude critique habituelle.

## LE CHEMIN DE DÉVELOPPEMENT

Les ENTJ auront intérêt à développer leur sensation extravertie, c'est-à-dire leur capacité à s'occuper des détails pratiques. Comme ils aiment bien faire des choses utiles, ils pourront commencer par faire l'inventaire des ressources qui leur sont nécessaires pour mener à bien leurs projets. Faire les comptes leur sera également un excellent exercice.

Ils pourront ensuite se livrer à des activités moins directement utiles, arts plastiques ou artisanat par exemple, pour apprendre à composer avec les choses, les faits, plutôt qu'à les faire entrer de force dans le cadre qu'ils ont décidé.

Dans l'inventaire des ressources, les ENTJ pourront alors faire entrer les ressources humaines avec leurs caractéristiques bien particulières. Ils apprendront ainsi à prendre en compte le fait que les personnes agissent en fonction de valeurs et de sentiments.

Ils pourront ensuite se mettre à l'écoute de leur ressenti et clarifier leurs valeurs personnelles, en faisant le tri entre ce qu'ils font par simple plaisir d'organiser et de diriger et ce qu'ils font pour répondre à une conviction profonde. Ils développeront ainsi une vie intérieure moins orientée vers l'action et plus tournée vers l'écoute de leur inconscient.

# LES 4 TEMPÉRAMENTS

Outre leur combinaison en 16 types, les 8 pôles décrits par le MBTI peuvent être associés deux par deux, de différentes manières, pour créer des familles de types. L'un de ces regroupements s'avère particulièrement significatif dans la pratique ; il comporte quatre groupes, appelés tempéraments : les **SJ**, les **SP**, les **NT** et les **NF**.

Les quatre tempéraments seront présentés successivement selon le schéma suivant :

• Une fiche «d'état civil» comportant :
- les deux lettres caractéristiques du tempérament, avec en regard les types qui lui correspondent, en grisé sur la table des types,
- le nom mythologique du tempérament, qui lui a été donné pour en symboliser les principaux attributs, avec un rappel du personnage ainsi évoqué,
- la dénomination utilisée par le Temperament Research Institute et qui s'est assez largement répandue,
- le mot d'ordre ou devise caractéristique du tempérament,
- les valeurs que cherchent à réaliser les personnes appartenant à ce tempérament.

• Les traits généraux du tempérament.

• Ses caractéristiques dans des situations particulièrement significatives :
- la famille,
- l'éducation (comme élève et comme enseignant),
- la profession,
- l'exercice de l'autorité,

- le choix d'un secteur d'activités,
- la relation au temps,
- l'usage de l'argent.

• Ses faiblesses potentielles.

# SJ

## *Epiméthéen*

| | |
|---|---|
| **Personnage** | **Epiméthée :** fils obéissant de Zeus, à la différence de son frère Prométhée, et époux fidèle de Pandore, bien qu'elle ait désobéi et ouvert la boîte d'où s'échappèrent les maux de l'univers. |
| **Dénomination** | Gardien |
| **Mot d'ordre** | **Devoir** |
| **Valeurs** | Responsabilité, stabilité, appartenance |
| **Types** | ISTJ, ISFJ, ESTJ, ESFJ |

### TRAITS GÉNÉRAUX

Les SJ sont concrets et réalistes. Ils sont en général plus intéressés par l'aspect fonctionnel des choses que par leur aspect esthétique. Ils sont organisés, prévoyants, responsables. Ils ont le sens du devoir et se sentent même parfois obligés de rendre service. Ils sont stables et fidèles et tiennent leur parole.

Les SJ sont respectueux des traditions, des coutumes, des règles et des lois. Ils sont les gardiens des valeurs sociales. Ils font volontiers partie d'associations et de clubs et se portent facilement volontaires pour les tâches communes du groupe. Leur apparence est classique ; ils se conforment aux usages en vigueur dans le groupe.

Les SJ montrent leur affection par des actes concrets mais l'expriment peu en paroles ou en gestes. Ils se posent souvent en protecteur des faibles.

## SITUATIONS PARTICULIÈRES

***Famille***
Les SJ aiment que les rôles soient clairs et que chacun tienne sa place. Ils assument facilement le rôle d'autorité et se placent souvent en «parents normatifs».

***Education***
Les SJ aiment suivre une démarche analytique, aux étapes bien définies. Ils préfèrent avoir un cadre structuré et adopter des méthodes connues. Ils sont à l'aise dans les algorithmes, en suivant les mêmes règles opératoires. Ils veulent savoir à quoi sert ce qu'ils apprennent et pratiquer pour comprendre.

***Vie professionnelle***
Les SJ sont des gestionnaires précis, rigoureux, efficaces. Leur talent réside notamment dans la rédaction et le suivi des règles et procédures. Ce sont de bons planificateurs.

***Exercice de l'autorité***
Les SJ ont le sens de la hiérarchie. Ils respectent leurs supérieurs et attendent que leurs collaborateurs fassent de même vis-à-vis d'eux. Ils sont fermes et impartiaux.

***Secteurs d'activité***
On trouve plus particulièrement les SJ dans l'administration, les banques, les assurances, l'éducation au niveau primaire et secondaire surtout, certaines professions de santé.

***Relation au temps***
Les SJ sont ponctuels et organisés. Ils établissent des listes de ce qu'ils doivent faire, suivent leur liste et cochent en général au fur et à mesure. Ils savent jeter ce qui risquerait de les encombrer.

***Relation à l'argent***
Les SJ sont à l'aise avec l'argent. Ils sont économes et savent gérer leur budget.

## FAIBLESSES

Les SJ peuvent devenir rigides et rejeter toute nouveauté. Leur goût pour les règles peut les conduire à la bureaucratie. Leur sens du devoir peut les amener à la surcharge ; ils s'accablent de responsabilités et deviennent ainsi anxieux, contractés, voire pessimistes.

Ils peuvent prendre des décisions prématurées, sans consacrer le temps nécessaire à recueillir les informations pertinentes, car ils tiennent à décider vite. Et ils peuvent également se montrer obstinés dans l'application des décisions.

Les SJ critiquent facilement et complimentent peu. Accomplir son devoir ne mérite pas d'être signalé ; ils pourront être par contre impitoyables sur les plus petits manquements.

# SP

## *Dionysien*

| | |
|---|---|
| **Personnage** | **Dionysos :** Dieu de la musique, de la danse, de la vigne et de l'initiation aux mystères de la vie. |
| **Dénomination** | Artisan |
| **Mot d'ordre** | **Liberté** |
| **Valeurs** | Changement, plaisir, pragmatisme |
| **Types** | ISTP, ISFP, ESTP, ESFP |

### TRAITS GÉNÉRAUX

Les SP sont pratiques et réalistes ; ils s'adaptent parfaitement aux circonstances. Ils sont spontanés, impulsifs même, et très rapides dans leurs réactions.

Les SP ont un grand besoin de liberté ; ils supportent mal la routine et rejettent les obligations et les règles qui ne sont pas strictement nécessaires. Ils vivent dans l'ici et maintenant, en fonction du principe qu'à chaque jour suffit sa peine, ou plutôt qu'il faut profiter de ce qui se présente.

Les SP sont débrouillards et se servent habilement de tous les outils. Ils agissent pour le plaisir ; ils sont alors infatigables. L'action semble jaillir spontanément et avoir sa fin en elle-même ; elle est d'une grande efficacité.

Les SP sont très sociables. Ils ont un excellent contact, sont prodigues avec leurs amis et se montrent généralement optimistes. Leur style est décontracté et flamboyant.

## SITUATIONS PARTICULIÈRES

***Famille***
Les SP aiment bien mener une vie familiale pleine d'imprévus et de changements. Ils sont attentifs aux besoins de leurs enfants dans le présent et se sentent moins concernés par la préparation de leur avenir. Ils montrent leurs sentiments de façon irrégulière, et quand ils le font, ce peut être avec emphase.

***Education***
Les SP apprennent par l'action, en pratiquant. Ils veulent avoir un résultat immédiat. Ils sont bons observateurs et réussissent bien dans les matières techniques.

***Vie professionnelle***
Dans leur vie professionnelle, les SP sont efficaces et aiment obtenir des résultats concrets et rapides. Ils sont pratiques, inventifs. Ce sont de très bons tacticiens, qui aiment travailler dans des ambiances ouvertes et compétitives. Les situations de crise leur conviennent bien et ils ont même tendance à les provoquer quand ils craignent de s'ennuyer.

***Exercice de l'autorité***
Les SP supportent mal l'autorité. Ils ne la respectent que quand elle est vraiment utile. Ils agissent plutôt en conciliateurs et en négociateurs qu'en chefs autoritaires.

***Secteurs d'activité***
Les SP réussissent dans les secteurs demandant des capacités techniques et où le résultat se voit à court terme. On les trouve ainsi dans l'artisanat, la mécanique notamment, le commerce et dans les métiers d'expression artistique (comédien, danseur, musicien, sculpteur).

***Relation au temps***
Les SP aiment bien travailler dans l'urgence. Ils aiment l'imprévu et ont un style de vie décontracté.

***Relation à l'argent***
Les SP n'aiment faire ni budget ni plan et ont tendance à dépenser ce qu'ils gagnent. Ils sont souvent joueurs.

## FAIBLESSES

Les SP peuvent être insouciants, imprévisibles, voire même versatiles. Leur souci de réalisme peut les conduire à changer d'attitude par rapport à leur déclaration initiale.

Ils n'aiment pas se donner d'objectifs ; ils ont alors tendance à avoir une vue à trop court terme et à se noyer dans le présent. En revanche, ils peuvent indéfiniment remettre à demain ce qui les ennuie.

Leur souci du réalisme peut les conduire à refuser toute théorie et à tomber dans un pragmatisme peu nuancé.

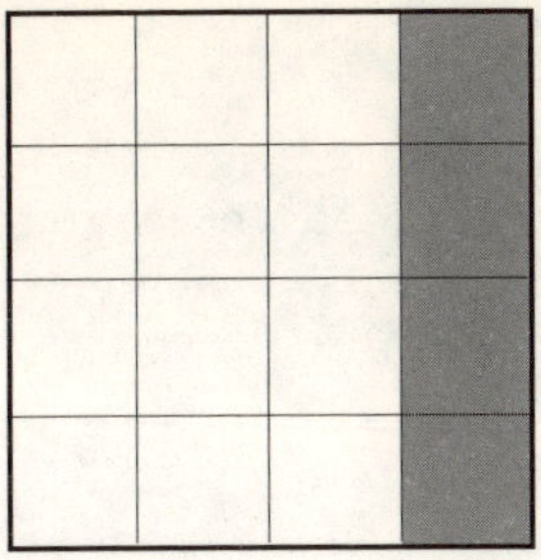

# NT

## *Prométhéen*

| | |
|---|---|
| **Personnage** | **Prométhée :** Demi-dieu qui, après avoir refusé d'épouser la femme que son père Zeus lui destinait, déroba le feu pour le donner aux hommes. |
| **Dénomination** | Rationnel |
| **Mot d'ordre** | **Savoir** |
| **Valeurs** | Connaissance, compétence, qualité |
| **Types** | INTP, INTJ, ENTP, ENTJ |

### TRAITS GÉNÉRAUX

Les NT ont un grand appétit de connaissance ; ils sont sans cesse à la recherche du pourquoi des choses. Ils cherchent les principes sous-jacents et élaborent des théories. Leur but est la maîtrise intellectuelle du monde.

Ce sont des visionnaires inventifs qui voient la globalité et créent des systèmes et des modèles pour en rendre compte.

Ce sont des perfectionnistes à l'esprit critique qui voient leurs propres faiblesses aussi bien que celles des autres. Ils aiment les défis et placent souvent la barre si haut pour eux-mêmes qu'ils doutent de pouvoir l'atteindre.

Les NT sont directs dans leurs relations ; ils s'expriment de façon concise et précise. Ils attendent des autres une compétence égale à la leur mais estiment être souvent déçus sur ce point.

Les NT ont l'esprit curieux et ouvert. Ils sont prêts au changement quand cela est nécessaire. Ils prêtent peu d'attention à l'aspect extérieur des choses et des gens, y compris le leur, et peuvent faire montre de distraction.

## SITUATIONS PARTICULIÈRES

***Famille***
Les NT développent avec leurs enfants des relations surtout intellectuelles. Ils veulent les rendre compétents et indépendants.

***Education***
Les NT aiment bien les études pour elles-mêmes. Ils ont le goût des défis intellectuels. Leur esprit critique les amène à poser de nombreuses questions ; ils exigent d'un professeur qu'il soit brillant et compétent.

***Vie professionnelle***
Les NT donnent dans leur vie une grande importance au travail. Ils font preuve d'un esprit logique et ingénieux et sont particulièrement intéressés par la recherche.

***Exercice de l'autorité***
Les NT n'admettent que l'autorité de compétence ; ils supportent difficilement les règles et les routines. Ils dirigent par vision stratégique et planification.

***Secteurs d'activité***
Les NT sont particulièrement attirés par la recherche, l'enseignement au niveau supérieur, l'ingénierie, les mathématiques, la planification, l'architecture et la philosophie.

***Relation au temps***
Les NT ont une conception rationnelle du temps. Ils planifient volontiers leurs activités et celles des autres ; ce sont des experts en détermination d'étapes et en établissement de chemin critique.

***Relation à l'argent***
Les NT ont une relation rationnelle et impersonnelle à l'argent ; ils savent prendre des risques calculés en ce domaine.

## FAIBLESSES

Les NT peuvent se montrer froids et hautains, voire arrogants. Leur goût de la contradiction peut les amener à ratiociner.

Ils peuvent être cyniques et ne pas tenir compte des sentiments des autres. Leur communication est parfois très difficile ; ils peuvent se retirer dans leur tour d'ivoire ou devenir blessants à force d'exigence et de critique.

Excellents concepteurs, les NT portent beaucoup moins d'attention à l'exécution qu'ils peuvent négliger.

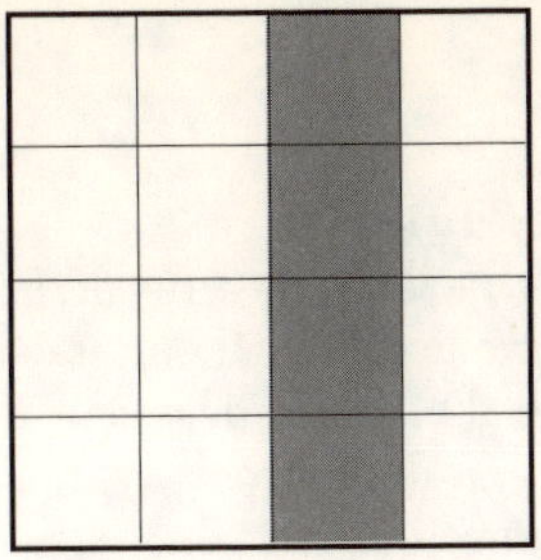

# NF
## *Apollonien*

| | |
|---|---|
| **Personnage** | **Apollon :** Dieu de la musique et du chant, lien entre les dieux et les hommes, celui qui dans son être même montre comment trouver le sacré à travers le profane. |
| **Dénomination** | Idéaliste |
| **Mot d'ordre** | **Devenir** |
| **Valeurs** | Harmonie, authenticité, congruence |
| **Types** | INFP, INFJ, ENFP, ENFJ |

### TRAITS GÉNÉRAUX

La quête est la caractéristique majeure des NF : recherche d'identité, du sens de la vie, de réalisation de soi, d'intégrité, de développement personnel.

La lucidité et la connaissance de soi sont particulièrement importants pour les NF qui poursuivent en permanence leur dialogue intérieur.

Ce sont des idéalistes au service de l'humanité qui cherchent l'harmonie tant à l'intérieur d'eux-mêmes qu'avec les autres.

Les NF ont une forte capacité à comprendre les autres, à se mettre à leur place, à percevoir leurs sentiments et à les aider à se développer. Ils préfèrent se trouver dans une atmosphère chaleureuse et coopérative.

Les NF expérimentent tout ce qui peut donner un sens à la vie. Ils pensent en termes de possibilités concernant les personnes ; ils transmettent les idées et ont une forte influence sur les évolutions culturelles.

Les NF ont un style personnel car ils recherchent avant tout la cohérence de leurs pensées et de leurs comportements.

## SITUATIONS PARTICULIÈRES

***Famille***
Les NF sont chaleureux et montrent facilement leur affection. Ils sont des ardents défenseurs de ceux qu'ils aiment.

***Education***
Les NF aiment apprendre par prise de conscience personnelle ; ils sont également sensibles à la qualité de l'enseignant auquel ils veulent pouvoir s'identifier. Et quand ils sont eux-mêmes enseignants, ils savent valoriser chaque personne.

***Vie professionnelle***
Les NF se caractérisent dans la vie professionnelle par leur créativité et leur talent de communication. Ils ont besoin de se trouver dans des activités qui ont un sens et qui leur permettent de poursuivre des valeurs de développement.

***Exercice de l'autorité***
Les NF sont persuasifs ; ils dirigent par leur charisme. Il est souvent difficile d'être en désaccord avec eux. Ce sont des catalystes qui encouragent ceux qui travaillent avec eux et leur donnent volontiers des appréciations positives.

***Secteurs d'activité***
Les NF sont volontiers enseignants, écrivains, thérapeutes, conseillers, médecins, religieux.

***Relation au temps***
Les NF sont surtout sensibles aux besoins des autres ; ils donnent volontiers leur temps quitte à négliger leurs propres besoins.

***Relation à l'argent***
Les NF attachent peu d'importance à l'argent qu'ils considèrent comme un moyen en vue d'une fin. Ils sont en général peu intéressés à acheter et vendre.

## FAIBLESSES

Les NF peuvent être hypersensibles ; ils prennent alors les critiques pour des attaques personnelles.

Leur souci de l'idéal peut les conduire à ignorer les problèmes pratiques et à faire de l'angélisme.

Leurs sentiments peuvent devenir excessifs ; ils chercheront à plaire à tout prix ou créeront des dépendances. Ils auront également tendance à confondre les rôles, par exemple se comporter comme conseiller en tant que parent.

# Bibliographie

### ◆ *Ouvrages en français concernant la typologie jungienne*


BRIDGES William et CAUVIN Pierre, *Types d'organisation*, ECPA 1997 / Osiris 2002

BRIGGS-MYERS Isabel, *Introduction aux types psychologiques*, 6e édition révisée par Katharine Myers et Linda Kirby, OPP 2001

*Cahiers Jungiens de Psychanalyse*, « Les Types Psychologiques », 2001

CAUVIN Pierre et CAILLOUX Geneviève, *Les types de personnalité*, ESF Collection formation permanente en Sciences Sociales, Paris 3e édition 2002

CAUVIN Pierre, *La cohésion des équipes*, ESF, Paris 3e édition 2003

CAUVIN Pierre et CAILLOUX Geneviève, *Le Soi aux mille visages*, Éditions de l'Homme 2001

FRANZ (von) Marie-Louise, « La fonction inférieure », *in Psychothérapie - L'expérience du praticien*, Dervy 2001

HUMBERT Élie, *Jung*, Éditions Universitaires Press Pocket, Paris, 1983

JUNG Carl Gustav, *Types psychologiques* - Librairie de l'Université Georg et Cie - 5e édition - Genève 1983 (en particulier chapitres 10 et 11)

KREBBS-HIRSCH Sandra & KUMMEROW Jean, *Introduction aux Types psychologiques dans les organisations*, 3e édition, OPP 200

### ◆ *Ouvrages en anglais sur le MBTI*

CORLETT Eleanor & MILLNER Nancy, *Navigating Midlife - Using typology as a guide*, Consulting Psychologist Press - Palo Alto 1993

GRANT Harold, THOMPSON Magdalena, CLARKE Thomas, *From Image to Likeness - A Jungian Path in the Gospel Journey*, Paulist press - New York / Ramsey 1983

HIRSH Sandra & KUMMEROW Jean, *Life Types*, Warner Books - New York 1989

KEIRSEY David & BATES Marilyn, *Please Understand Me*, Prometheus Nemesis Book Company - Del Mar 1984

KROEGER Otto & THUESEN Janet, *Type Talk*, Delta - New York 1988

MICHAEL Chester & NORRISEY Marie, *Prayer and temperament - Different prayer forms for different personality types*, The Open Door - Charlottesville 1991

MYERS-BRIGGS Isabel with Peter Myers, *Gifts Differing,* Consulting Psychologist Press - Palo Alto 1980 et 1988

QUENCK Naomi, *Beside Ourselves - Our hidden personality in everyday life*, Consulting Psychologist Press - Palo Alto 1993


### ◆ *Ouvrages généraux*

Les ouvrages qui nous ont inspirés, notamment pour les chapitres 4 et 5, sont nombreux. Nous donnons ici ceux dont l'influence a été la plus directe.


BAREL Yves, *La société du vide*, Le Seuil - Paris 1984

GAUCHET Marcel, *Le désenchantement du monde*, Gallimard NRF - Paris 1985

JAYNES Julian, *The origin of consciousness in the breakdown of the bicameral mind,* Houghton Mifflin Company - Boston 1976

STONE Hal et Sidra, *Le Dialogue intérieur*, Le Souffle d'Or 1991

STONE Hal et Sidra, *Les relations source de croissance*, Le Souffle d'Or 1991

WILBER Ken, *Les trois yeux de la connaissance*, Editions du Rocher - Monaco 1987

# Lexique

**ANIMA** : composante féminine inconsciente de la personnalité masculine. Elle revêt un aspect positif ou négatif. Sa présence se manifeste chez les hommes dans les rapports avec les femmes.

**ANIMUS** : composante masculine inconsciente de la personnalité féminine. Elle revêt un aspect positif ou négatif. Sa présence se manifeste chez les femmes dans les rapports avec les hommes.

**ATTITUDES** : au sens large l'attitude est «une disposition de la psyché à agir ou à réagir dans une certaine direction». Sont plus particulièrement désignés ici par attitudes les deux pôles de la dimension de la psyché qui en donnent l'orientation vers le monde extérieur (extraversion) ou vers le monde intérieur (introversion). Par extension, l'index J/P est également classé dans les attitudes.

**DIFFÉRENCIATION** : processus au cours duquel les fonctions se séparent les unes des autres pour pouvoir jouer leur rôle spécifique sans contamination. Les fonctions non différenciées sont archaïques, inconscientes et se manifestent de façon ambivalente.

**DYNAMIQUE DES FONCTIONS** : rôle que jouent les fonctions à l'intérieur de chaque type. Les fonctions tiennent dans la psyché de chacun une place et un rôle clairement différenciés qui créent des dynamiques spécifiques. On distingue ainsi les fonctions dominante, auxiliaire, tertiaire et inférieure.

**EXTRAVERSION (E)** : orientation du sujet vers le dehors, tant pour y puiser son énergie que pour y exprimer son action.

**FONCTION AUXILIAIRE** : elle est la deuxième fonction et équilibre la dominante : 1) en matière de jugement et de perception, si la dominante est une fonction de perception, l'auxiliaire sera une fonction de jugement - et vice versa; 2) en matière d'attitude, si la dominante est extravertie l'auxiliaire sera introvertie - et vice versa.

**FONCTION DOMINANTE** : elle est le pivot autour duquel s'organise la personnalité. Elle est la première des fonctions en termes de chronologie, de préférence et généralement de maîtrise. La fonction dominante est extravertie pour les extravertis et introvertie pour les introvertis. On la détermine pour chaque type par la formule : «l'index J/P désigne la dominante pour les extravertis et l'auxiliaire pour les introvertis».

**FONCTION INFÉRIEURE** : la fonction inférieure est le pôle opposé de la fonction dominante sur la même dimension ; elle est également son opposée en ce qui concerne l'attitude d'extraversion ou d'introversion. C'est la fonction la plus inconsciente et archaïque, celle qui manifeste les difficultés de fonctionnement. C'est aussi le réservoir du potientiel de développement. Elle est liée à l'animus/anima.

**FONCTION TERTIAIRE** : elle est le pôle opposé de la fonction auxiliaire sur la même dimension. Elle équilibre également l'auxiliaire en terme d'introversion et d'extraversion. La fonction tertiaire est relativement inconsciente et n'apparaît pas dans le sigle du type.

**FONCTIONS** : ensemble de processus, se manifestant par des comportements ayant entre eux des ressemblances et concourant à un même but. L'homme dispose de quatre fonctions : deux fonctions de perception dites irrationnelles, la Sensation et l'Intuition, et deux fonctions de jugement dites rationnelles, la Pensée et le Sentiment.

**INDIVIDUATION** : «processus par lequel un être devient un individu psychologique, c'est-à-dire une unité autonomie et indivisible» (Jung). L'individuation se caractérise notamment par une bonne différenciation des fonctions, un rapport équilibré avec la norme collective, une expérience du Soi comme centre régulateur de la psyché.

**INTROVERSION (I)** : orientation du sujet vers le dedans pour s'y ressourcer et s'y exprimer.

**INTUITION (N)** : fonction de perception qui procure une vision globale par un processus synthétique et inconscient.

**JUGEMENT (J)** : processus mental qui consiste à prendre des décisions à partir des observations recueillies. Le mot est utilisé dans deux acceptions voisines : 1) les fonctions de jugement, Pensée et Sentiment; 2) l'attitude ou orientation de Jugement, qui indique un style de vie organisé. Ce deuxième sens a été explicité par Isabel Myers. L'introduction de cette distinction permet de repérer la fonction extravertie préférée.

**MBTI®** : Indicateur Typologique de Myers-Briggs™. Le MBTI est un test protégé par la législation sur la propriété littéraire et artistique, et en particulier par la loi du 11 Mars 1957 (article L 611-1 et suivants du code la propriété intellectuelle). La diffusion du questionnaire est assurée par OPP (www.opp.co.uk). La formation à son utilisation par Osiris Conseil, 33 rue du Montoir - 77670 Vernou. Tél. 01 64 23 03 07
- courriel : contact@osiris-conseil.com

**MOI** : centre conscient de la psyché. Mais la psyché ne se réduit pas à la conscience. Prendre le moi pour le centre de la psyché est une illusion. Le Moi est à rapprocher des deux fonctions préférées.

**OMBRE** : au sens large, partie inconsciente de la personnalité que le moi conscient tend à rejeter. Au sens étroit l'ombre est en général liée à des individus du même sexe.

**PENSÉE (T)** : fonction de jugement qui décide à partir de principes généraux et objectifs.

**PERCEPTION (P)** : processus mental qui consiste à recueillir des observations. Le mot est utilisé dans deux acceptions voisines : 1) les fonctions de perception, Sensation et Intuition; 2) l'attitude ou orientation de Perception, qui indique un style de vie flexible. Ce deuxième sens a été explicité par Isabel Myers. L'introduction de cette distinction permet de repérer la fonction extravertie préférée.

**PRÉFÉRENCES** : inclination spontanée à choisir habituellement un type de comportement plutôt qu'un autre. Plus précisément, la préférence désigne le pôle de chaque dimension que nous utilisons par prédilection.

**PROJECTION** : processus par lequel on attribue à une personne ou un objet extérieur l'une de ses propres caractéristiques. Le processus de projection est inconscient. Le travail d'individuation consiste notamment à se détacher peu à peu de ses projections pour établir une relation vraie avec la réalité des personnes et des choses.

**PSYCHÉ** : ensemble des phénomènes et des processus mentaux caractérisant l'esprit d'une personne.

**SENSATION (S)** : fonction de perception qui permet d'appréhender les faits par un processus analytique et discursif.

**SENTIMENT (F)** : fonction de jugement qui apprécie la valeur des situations en fonction de critères personnels et subjectifs propres à la personne qui prend la décision.

**SOI** : centre de l'ensemble de la personnalité, consciente et inconsciente. Dans la mesure où il échappe au moi conscient, le Soi a un aspect transcendant.

**TEMPÉRAMENTS** : familles de types proposées par David Keirsey et recouvrant les SJ, SP, NT, NF.

**TYPES** : modèle d'une attitude générale. On parle de type psychologique quand une attitude devient habituelle, induisant ainsi des caractéristiques communes aux personnes ayant la même tendance. Le type peut être une description théorique des comportements ; il sert alors de repère pour comprendre les fonctionnements individuels. On dit d'une personne qu'elle appartient à un type quand elle en présente les caractéristiques.

# Adresses utiles

Pour mieux connaître la démarche exposée dans ce livre et vous former à son utilisation professionnelle, veuillez-vous adresser à :


**Osiris Conseil**
Geneviève Cailloux et Pierre Cauvin
33, rue du Montoir
77670 Vernou la Celle
Tél. (33) 01 64 23 03 07
Fax (33) 01 64 23 06 10
URL : www.osiris-conseil.com
e-mail : contact@osiris-conseil.com
organisme agréé OPQCM


Vous recevrez le programme des séminaires animés par Geneviève Cailloux et Pierre Cauvin, ainsi que les modalités d'intervention et de formation adaptées à chaque besoin particulier, individuel ou collectif.

• • •

L'Indicateur Typologique de Myers-Briggs (MBTI) est diffusé par **O.P.P.** :

Elsfield Hall
15-17 Elsfield Way
Oxford OX2 8EP - UK
Tél. 0820 804 453
e-mail : enquiry@opp.co.uk

L'utilisation de l'Indicateur nécessite une formation préalable.

# Index

# Le site internet des éditions Le Souffle d'Or

## Une contribution unique dans l'essor du développement personnel dans les pays francophones

Venez découvrir l'univers que nous avons créé à votre attention :

- des **informations** très complètes sur les livres, les jeux et les musiques (*Le catalogue*)
- un moyen de **passer vos commandes** en quelques instants avec la garantie d'un paiement sécurisé par notre banque (*La boutique*)
- une extraordinaire occasion d'échanger avec les personnes qui partagent vos valeurs : rejoignez les discussions sur le **forum, partagez vos expériences et faites des rencontres inattendues** (*L'espace échanges et rencontres*)
- des **actualités** précises et ciblées (*L'actualité*)
- la présentation complète des activités et de l'équipe des éditions Le Souffle d'Or (*Qui sommes-nous ?*)
- une sélection des meilleurs sites Internet qui œuvrent avec nous en faveur de l'esprit réseau (*Les sites en synergie*)

**Vous venez de lire un livre des éditions Le Souffle d'Or. Il vous a touché ? Écrivez à son auteur.** (Son adresse e-mail et/ou son site internet sont accessibles par la boutique/descriptif des livres – cliquez sur le nom de l'auteur.)

**Vous avez envie de partager vos impressions ? Nous vous ouvrons un espace de liberté et de convivialité !**

**Alors, à vous de jouer !**

**www.souffledor.fr**

**Hal et Sidra STONE**

# Le Dialogue Intérieur

***Connaître et intégrer nos subpersonnalités***

Ce livre est un outil puissant d'évolution, fruit d'une riche expérience: il nous fait découvrir notre "famille intérieure", c'est-à-dire nos subpersonnalités. Certaines sont sur le devant de la scène, comme le "Protecteur/Régisseur", le "Gentil" ou "l'Activiste", et nous pouvons aisément les sentir en nous; d'autres sont infiniment plus cachées, refoulées au fil de nos expériences, comme "l'Enfant intérieur"; elles sont pourtant vivantes et nous causent bien des surprises. Chacun de nous en possède un régiment incroyable. De nombreux exemples au fil des pages nous permettent de les situer. Apprendre à connaître ces subpersonnalités reniées constitue une part importante de la croissance personnelle. C'est l'objet de la méthode mise au point par Hal et Sidra STONE; elle permet d'établir un dialogue avec notre famille intérieure, et ainsi une réelle intimité avec nous-même.

« Les subpersonnalités primaires ont en général décidé que le meilleur moyen de protéger 'l'Enfant intérieur" vulnérable est de le garder bien caché, totalement hors d'atteinte de tout autre individu. Malheureusement, cela maintient aussi "l'Enfant vulnérable" à l'écart de toute relation et le prive de ce qu'il désire le plus au monde: un lien profond et sincère avec d'autres êtres humains. C'est ainsi qu'est interdite à beaucoup d'entre nous l'intimité que nous recherchons dans la relation, puisque l'intimité requiert la présence de "l'Enfant vulnérable". Ce n'est qu'en reconnaissant et en trouvant l'accès à cet Enfant que nous pouvons véritablement nous connaître et connaître les autres. »

« Je considère le dialogue intérieur comme un des outils les plus puissants de développement personnel qu'il m'ait été donné de connaître. Cette méthode a bouleversé ma vie, comme celle de beaucoup d'autres. Je sens bien que comprendre et intégrer ce travail constitue une expansion de conscience majeure, tant au niveau individuel que planétaire. »

Extrait de l'introduction de Shakti Gawain

**Hal et Sidra STONE**

# Les relations, source de croissance

***Méthode du Dialogue Intérieur***

« Chaque relation nous offre la possibilité d'une infinie fascination et d'une croissance sans fin, mais porte aussi en elle les germes de sa propre destruction. A vous de choisir. Dans *Le Dialogue intérieur*, nous vous présentions votre famille intérieure: les subper-sonnalités. Dans *Les Relations, source de croissance*, nous vous invitons à nous accompagner dans un nouveau voyage au coeur des mystères de la psyché, pour y découvrir cette fois la danse de ces subpersonnalités dans les relations. »

Hal et Sidra STONE

« Une relation, ce n'est pas simplement deux personnes qui s'assoient pour une causette amicale et sensée. Nous possédons tous de nombreuses entités intérieures, ou subpersonnalités, dont chacune s'efforce de tirer la couverture à elle pour recueillir notre attention et voir ses besoins satisfaits. La "petite causette raisonnable" va ainsi bien plus probablement ressembler au face-à-face de deux familles nombreuses tentant d'entrer en communication. Ces familles intérieures sont loin d'avoir une conception homogène des choses; elles se chamaillent constamment.

Peut-être existe-t-il en nous un nombre infini de subpersonnalités. Chacune a quelque chose à nous apprendre. Chacune enrichit notre perception du monde. Plus nous nous impliquons profondément avec un autre être, plus la relation provoque de subpersonnalités, plus elle les contraint à faire surface. »

Extrait de l'introduction

« Hal et Sidra font œuvre de pionniers dans le domaine des relations. Cette œuvre unique et passionnante m'a énormément aidée dans ma propre vie personnelle, et inspirée dans mon travail. Ce livre est le plus fascinant et le plus utile que j'ai jamais lu à propos des relations. »

Shakti Gawain, auteur de *Techniques de Visualisation* et *Vivez dans la lumière*

Sidra STONE

# Le Patriarche Intérieur : êtes-vous sûre d'en être libérée ?

## *La fin d'une servitude*

Quelle est cette force sournoise, rigide, qui empêche les femmes d'être pleinement elles-mêmes ? C'est ce vieil **archétype du patriarche**, intériorisé dans leur inconscient sous la pression de l'éducation et de la socio-culture ambiante. ***Il dévalorise sans cesse le féminin, et celui-ci reste confiné*** : *« Tu dois être féminine, docile et protégée. Le vrai pouvoir revient à l'homme ! »* Ce processus affecte même les personnes apparemment libérées.

L'analyse fine et étayée de nombreux exemples de Sidra Stone permet de comprendre les mécanismes de ce processus, la genèse de cet archétype, la tyrannie qu'il fait régner, et les souffrances dont il est la source par ses actes constants de sabotage.

Par l'approche du Dialogue Intérieur, Sidra Stone montre comment mieux connaître cette force en nous, ne pas s'y soumettre, l'équilibrer par d'autres polarités, et transformer cet ennemi en allié. Ainsi, **chaque femme peut relever la tête, reprendre son pouvoir et être plus consciente**, bref, rompre le sort !

Cette réflexion et ces pistes pour transformer la situation seront très utiles à toutes celles et ceux qui accordent de l'importance à la **réémergence des valeurs féminines**, et cherchent à établir un **partenariat créatif entre les femmes et les hommes**.

*« Ce livre est au centre de la conscience féminine. Le travail de Sidra STONE dans cet ouvrage a changé ma vie et celle de nombre de femmes que je connais. Un "must" pour toute femme ! »*
*Shakti GAWAIN*

*Achevé d'imprimer par Dumas Titoulet Imprimeurs, 42000 Saint-Etienne.*
*N° d'imprimeur : 44096*

*Imprimé en France*